デイヴィッド・ブース
David Booth

訳
中川吉晴
浅野恵美子
橋本由佳
五味幸子
松田佳子

Story Drama
ストーリードラマ
教室で使えるドラマ教育実践ガイド
Reading, writing and roleplaying across the curriculum

新評論

はじめに

親愛なるブース先生へ
先生っておかしな人だね。なんだか、女優さんみたい。
　　　　　　　　　　　　　　ダニー（小学１年）

　私の教師生活は、カナダのオンタリオ州トロント近郊の町、ハミルトンから始まりました。小学５年生の担当をしていたのですが、そのころの私は、ドラマについてはほとんど何も知りませんでした。しいて言えば、高校生のときにコーラス部に顔を出したことがある程度でした。そんな私は、教師生活の１年目にキャプテンクックやコロンブスの物語のパロディを少し授業に取り入れました。また、春に行われるキャンプではシンデレラの語り聞かせをしましたが、それは体育教師が創作したフォークダンスとセットになったものでした。

　ところが、２年目のある日、国語科の主任のビル・ムーアが運動場で私を呼び止めて、「高学年の生徒〔日本の中学生にあたる〕にドラマを教えてみないか」と聞いてきたので、「やってみたいですね」と私は返事をしました。そして、ビルの指導の下にドラマを習い始めるようになったのです。その後、ビルにすすめられて詩や戯曲をたくさん読み、ハミルトンのアマチュア劇場にも参加してみました。

　ビルの指導がよかったのか、私はドラマの世界に引き込まれていきました。ドラマのもつ力に、すっかり魅了されたのです。その後、マクマスター大学（McMaster University）で学んだときも、演劇や劇場史、それに英文学や詩の講座をできるだけ多く受講して、少しずつドラマの基礎を固めていきました。

　７年生と８年生〔中学１・２年生〕にドラマを教えていたときのことです。はっきり言って、そのころの私はただ「生き残る」ことだけで必死でした。毎週560人の生徒たちを相手に、１日に８時間の授業をこなしていました。私の自由になる時間は週に１時間半しかなく、しかも隔週の金曜日にはドラマを上演するように求め

られていました。「生き残る」という言葉は、二つの意味でぴったりでした。むさぼるように吸収していく生徒のために、私はドラマの材料となるものを次から次へと見つけることに必死でした。そして、ドラマ教育に極めて批判的な校長を満足させようとやっきになっていました。当然、テーマ探しは生徒たちに助けてもらっていましたし、彼らからはエネルギーももらっていました。

そのころの私には、「スキット」（寸劇）をするのがやっとでした。しかし、心のなかでは「決していいことではない」と思っていました。というのも、スキットは子どもの動きを台無しにするのです。笑いは安っぽくなり、登場人物もステレオタイプで、ジョークといったら古くさく、独創性を欠くことになります。

当時、クラスの子どもたちの反応の鈍さといったら、恐ろしくなるほどでした。でも、私は自分に言い聞かせていました。

「こういうドラマは教育的なんだ。生徒たちは何かを学んでいるし、時間を無駄にしているわけではないんだ」と。

しかし、それはまちがいでした。

もちろん、いいときもありました。生徒たちが熱心なときのクラスの雰囲気は、退屈な中学の勉強から彼らを一時的に解放する助けになっていたかもしれません。しかし、できあいの劇が演じられれば、それで私のレッスンは終わりとなります。当時の私のドラマレッスンは、「自分がほしいと思っているものを、生徒たちは勝手に学びとる」という薄っぺらな考えに基づいたものでした。

私は、ドラマ教師としていつも新しい材料を探しまわり、手あたりしだいにドラマ化していました。ビルがくれた詩をはじめ、図書館や書店で手に入るものを何でも一緒に歌って朗読をしました。言ってみれば、子どもたちが朗読してわかる素材を見つけることが毎日の仕事となっていました。もし、そのころ私がドラマの本質を知ってさえいれば、また言葉の即興性をレッスンに取り入れてさえいれば、私の教師生活はもっと楽だったはずです。実際、（現在もそうであるように）この年代の子どもたちのために書かれた劇のシナリオはほとんどありませんでした。しかし、子どもたちにしてみれば、自分自身と人生を探求できるような体験をたくさんする必要があるのです。今なら、私は「ロールプレイング〔役柄の演技〕をすればいい」と明言できます。

私は、ブライアン・ウェイ、リチャード・コートニィ、ドロシー・ヒースコート、ギャヴィン・ボルトン、デイヴィッド・ケンプ、アグネス・バックルズといったドラマ教育の先人たちのワークショップに出たり、その講義を受けて、教育という枠組みのなかでドラマに何ができるかということに関して自分なりの哲学を形づくっていきました。

　初めて全員が参加するドラマを行ったときのことは今でも脳裏に焼きついています。ハミルトンにある、デールウッド校（Dalewood School）の８年生の成績優秀者クラスでのことでした。私は、ちょうどクィーンズ大学（Queen's University）で行われたブライアン・ウェイのワークショップから戻ったばかりで、「何がなんでも、あれをやってみよう」と心に決めていました。

　机を部屋の隅に動かして、レコードをかけ、生徒たちに、それぞれ自分の場所を見つけるようにと言いました。

　「あなたたちは、今、水のなかにいるんだ。そして、宝物を探している。ゆっくり泳いで、古い難破船のほうへ近づいていこう」

　子どもたちは言葉を使わず、身体で表現していきます。その様子を見て、私は体の芯から興奮しました。突然、理解したのです。子どもたち自身の想像力にまかせることで、ドラマが力強く展開していくことを。以前の私はまったく逆で、たえず指示や命令を出していました。このときを境に、それまでのやり方は捨て去られました。

　それからの２、３年、私は学び続けました。そして、子どもと行うドラマには大きな可能性が潜んでいることに気づき始めたのです。もちろん、以前には「観客の笑いをとれるよ」という説得にのせられて参加していた子どもたちもいますが、子どもたちのそんな部分が成長していったのではありません。そういう部分は、私にはもうどうでもいいことのように思えるようになりました。たとえば、動作が遅く不器用なスティーブンという子どもがいました。彼は、スキットではいつも嘲笑の的になっていて、彼が教室の前を歩くだけで笑いが起こり、彼自身もそれを当たり前と感じていました。しかし、そんな彼でさえ、みんなとともに活動をすることや、人間関係を深めることや、仲間に耳を傾けて正直に受けこたえをすることに価値を見いだしたのです。

1960年代になって、ドラマに関する研究や理論が出版され始めました。こうした書物が私の仕事を支えてくれたのは言うまでもないことです。それらのおかげで、私はドラマが一つのすばらしい学習方法であると信じるに至ったのです。

　ちょうどそのころ、私はトロント大学（The University of Toronto）の夏期コースで教え始めました。それは、通常の教師たちがドラマ教師になるための資格認定コースで、そこには、幼稚園から13学年〔高校の4年目にあたる〕までの教師たちがやって来ました。幸運なことに、ジュリアンナ・サックストンやチャック・ランディといった仲間と一緒だったので、この講座をつくれたとも言えます。そしてそのころ、私はようやく教育についての価値観や信念を洗い直し、ドラマ教育に関する自分なりの哲学をコラージュ風につくり出していました。

　やがて私たちは、夏期コースだけでなく冬の夜間コースも設けて、各地で何百人もの教師たちを教えるようになりました。私はまた、コンサルタントとしてカナダ国内だけでなくアメリカ合衆国やイギリスを回り、学会やワークショップ、セミナーなどでドラマ教育の講演をしました。いつも見ていて驚くことですが、何も知らない白紙状態のとき、人はものすごいスピードで学んでいきます。すべての講師から、あらゆるワークショップから、そして自分と同じように聴衆として参加している人たちからも様々なものを吸収していきます。

　教師は、子どもとかかわってきた自分の体験を言葉にしていくことで、教室で何が起こっていたのかを理解していきます。アイオワ、ロンドン、ニューヨーク、バンクーバー、ウィニペグといった場所で開催された1週間のセミナーに参加したときには、様々な年代の教師たちと一緒になって、ドラマを実施するための基本計画を練りました。

　これらすべてのコースやセミナーの講師や参加者との討論からコツコツと学んだことは、私にとっては何ものにも代え難いものとなりました。共同で行った授業をふりかえりながら、うまくいった点や失敗した点、そして次に何ができるかをみんなで話しあいました。

　デイヴィッド・デイヴィス、ハワード・レイノルズ、ウエイン・フェアヘッド、ドリス・マネッタ、エレン・メッシング、トニー・グーデ、ジョノサン・ニーランズ、セシリー・オニールといったドラマ教師たちの考え方や洞察、そして問いかけ

に助けられて、私の考えと活動はしだいに形を成していきました。自分自身感じていたことですが、このころの私はまだまだ「見習い」だったのです。

1970年代には、イギリスにあるダーハム大学のギャヴィン・ボルトン教授の下で、２年間にわたって研究をする機会が与えられました。ボルトン教授の厳密で学問的な分析に接して、私は自分のやってきた活動を深く見つめ直すことになりました。そして、「ふりかえり」の作業の大切さを改めて認識しました。このとき、ボルトン教授の指導の下で書いた論文は、その後の私の著作活動へと結びついていきました。

私の研究は、何よりも子どもたちの活動から生まれたものです。子どもたちの反応や考え、そして彼らが生みだす作品から、私はドラマに何ができるのかということについて自分なりの理解を打ち立ててきました。

研究だけではなく、教室でのドラマ活動も同様のやり方がうまくいくと思います。教師は、まず自分の興味のあるテーマを選ぶことです。そして、それを子どもたちと一緒に深めていくのです。子どもの活動をふりかえり、話を録音し、ドラマのなかで起こったことを彼らと話しあいます。このように、クラスのなかで起こったことを通して教えるようにするのです。また、その分野の専門家や同僚と話しあったり、文献を読んだりするのもいいことです。そうするうちに、教師は自分自身をつくり変えていきながら、毎年、新しい生徒とよりよくドラマをしていく方法を学んでいきます。

今まで私は、ドラマを使って大学の学部生や、大学院生（教育実習生や現職教師）を教えてきました。ドラマは、様々な教科のなかで、その学習方法となっています。私がもっとも充実感を抱くのは、現職教師である学生たちとドラマレッスンで何を学んだのかを討論するときです。教師たちが自分で学べるように助けること、それが私の目標だからです。幸いにも、私はドラマの力を感じる機会に恵まれています。学生が考えだすどんな枠組みにも、ドラマの力をうまく活用する自信があります。ドラマにかかわった年月と、熱心な教師たちと一緒に行った活動は、私にとって本当にかけがえのない宝物なのです。

ところで、学生たちの背景は様々で、たいていの人は芸術系科目の教師資格を一つはもっています。なかには、プロのアーティストとして働いた経験のある人もい

ます。こういう学生たちと、子どもや学習について話しあう時間をたくさんもちました。彼らが長年観察してきたことは、会話を充実したものにしてくれます。しかしながら、毎年必ずもちあがってくる問題もあります。それは、学校で何年もアート教育（arts education）をしているにもかかわらず、地域の人たちにアートに対する意識が育っていないということです。

いったい、教育においてアートはどんな意味をもつのでしょうか？ アートを通して、またドラマを通して、どんなライフスキルが養えるのでしょうか？

この本は、25年間にわたって私が子どもたちと一緒につくりあげてきた「ストーリードラマ」の記録です。私に協力してくれた現場の教師たちは、子どもを私に託して授業をさせてくれました。こうした公開授業には、ほかの教師や実習生もやって来て、レッスンを観察したり、一緒に参加したりしました。また、みんなで学校を訪問したり、子どもたちを私たちのドラマスタジオに呼んだりして、まさに子どもの学習場面のなかで新米教師やドラマを知らない教師たちとかかわってゆくことができました。

もう本当に信じられないくらい長い年月が過ぎたように思いますが、自分のノートに目を通すと、その記録の合間から、ドラマの瞬間瞬間にかいま見えた子どもたちの表情が今でも浮かびあがってきます。そして、記憶の糸をたどると、一緒にドラマをした子どもたちの顔や出来事が思い出されます。ドラマの一瞬一瞬が私の体のなかにしみ込んでいて、次に教えるときにどこからともなく現れてくるのです。ドラマが終わり、子どもたちが去ったあとは、いつも教師たちと何時間も話しあいます。レッスンで深まった考えや、子どもたちの言葉や言いまわし、ドラマでは答えられなかった疑問や次のグループで試したいことなど、様々なことが話しあわれます。

ここで、少し「ストーリードラマ」について説明をしておきましょう。私の活動のなかでは、物語(ストーリー)とドラマは永遠に結びついています。いまでも新しい絵本や子ども向けの小説を読むと、いつのまにか頭のなかでドラマを組み立てている自分に気づくことがあります。

初めての子どもたちをドラマの世界に引き入れようとするとき、私は必ず子どもたちに語り聞かせる物語を選んでから教室に入ります。語り聞かせる物語を安全な

出発点として、ドラマを通したストーリーの創作へと飛び込んでいくのです。私は、ストーリーテラーになったとでも言えるでしょうか。ストーリーテラーとしての私は、子どもと一緒に場面をつくっていき、かつて読んだ本やお話を織りまぜながら新しい物語を紡ぎだしていくのです。そうして、人生に意味を与えてくれる物語の世界へ、子どもたちと自分をともに結びつけようとするのです。

　参加者とそのときの状況に応じて、同じ物語から何百もの違った反応や解釈が生まれてくるのを私は長年にわたって見てきました。しかし、ストーリードラマがいつもそれぞれユニークだといっても、どこかで元の物語のタペストリーに織り込まれていくものです。ときには、30年も前に使った物語に戻っていくことがあります。30年前にも素晴らしい生徒たちが参加して私の求めたことをやってのけたのですが、この同じ物語が、改めてその当時に感じていた以上の重みをもってドラマの大切な材料となっていくことがあります。

　ここで定義しておくと、ストーリードラマとは、物語に基づいて行われる即興的なロールプレイングのことです。ストーリードラマは、私の授業を支えてくれるものです。ストーリードラマのなかで、子どもたちは物語の共同制作者となり、物語そのものになり、役柄を通してその登場人物となります。詩人のデイヴィッド・マッコードが言うように、子どもたちは「歌い手であり、歌であり、歌われしもの」なのです。

　教師は教えなければなりませんし、子どもは教師から学ばなくてはなりません。さらに教師は、その活動の経過をふりかえり、将来の活動が豊かなものになるようにする必要があります。私がとくに気になるのは、教員養成や現職教師の再教育を担当する大半の人たちが、今日、子どもと直接触れあわなくなっていることです。私がまだ新米の教師だったころ、私の指導者たちは常に子どもたちに教えていました。そして、彼らは自分の失敗談や成功例を私たちに教えてくれ、クラス全体の動きを手にとるように説明してくれました。指導者自身も、現場の教師とともに活動をして、子どもがいかに学ぶかを常に理解しなおす機会があったのです。

　子どもたちとかかわる体験を私たち教師が互いに語りあうことで、教師のなかに変化が起こってきます。もちろん、進むべき方向を示してくれたり、内省を促してくれる賢明な指導者も必要です。しかし、それ以上に大切なのは、苦労して教える

なかに喜びや満足を見いだす仲間たちです。そういう仲間の取り組みに触れ、一緒に活動をするなかで私たち教師は豊かに成長していくのです。

　教師にはいくつかのスタイルがあることに、私は長年の経験によって気づきました。たとえば、若い活気のある教師が自分でドラマ全体を演じ、子どもたちはそれを驚いて見ているというパターンがあります。また、役を演じた幼い子どもから、焦点のまとまった情感豊かな考えを引きだしてくる思慮深い教師もいます。しかし、教師がどんなスタイルをもっていようと、またどんな環境下であろうと、ストーリードラマは比類ない結果をもたらすことができます。

　このことを指摘しておくことは重要なことです。というのも、次のようなことがあるからです。教師たちはよく、自分のクラスでドラマをやっても私と同じような成果を期待できないと心配します。言ってみれば、私はいつも飛び入りです。2、3時間、あるいは2、3日だけ、しかも事前によく練られた計画や物語を携えてクラスに顔を出すのです。私は、クラスの担任が背負っているような仕事や責任からは免除されています。だから、こんなことも言われます。

「あなたが目新しい存在でなくなったとき、子どもたちはいったいどうなるのでしょうか？」

「あなたは2時間分の授業を準備するだけでいいですが、私たちは毎日教えなければならないんですよ」

　また私はよくレッスンを見学している大人たちを誘って、ドラマに入ってもらうようにします。だから、こんな意見ももっとよく耳にします。

「私のクラスには、そんなたくさんの学校ボランティアはいません」

　たしかに、その通りです。しかし、繰り返し強調しておきますが、どんな教師でもストーリードラマを使って教えることができるのです。たとえ、それがほんの数分の荒削りな即興ドラマであってもいいではありませんか。

　私のようなゲスト教師は、新しいアイディアやアプローチを教室にもち込んできます。どんなゲストでも同じでしょう。たとえば、美術館めぐりや観劇をするときに講師の話を聞いたりするだけでも、子どもたちは新しいアイディアやアプローチを吸収します。そして、同じことが親たちの来る参観日にも起こります。子どもたちは、常にいろんな形で学んでいるのです。また、私のようなゲスト教師が公開授

業をすると、クラスの担任はいつもと違った状況で子どもたちを観察することができます。私がレッスンを行うと、教師たちは何か一つ、またいくつかの点で、クラスの子どもたちについて新しい発見をしたと言ってくれます。

　よくあることですが、ゲストを迎えると担任の教師は神経質になります。もちろん、生徒たちにうまくやってもらいたいと思うからです。教師が、自分の生徒をほめてもらいたいと願うのは当然のことです。私が教師を始めたころ、国語科の指導者だったビル・ムーアが私のクラスで授業をやりたいと言ってきました。そのとき、私は教室のうしろに退きながらも、ひそかに見えない糸で一人ひとりの子どもを操縦していました。しかし、やがて私がリラックスしてその糸を放したとき、ビルの手によって子どもたちが解放され、新しい行動パターン、新しい役割、新しい関係が次々と現れていきました。そのとき初めて、私のクラスの子どもたちは、彼らのあらゆる面を見せてくれたのです。それはまるで、ポロライド写真ができあがっていくのを見ているようでした。ビル・ムーアがやって来るたびに、私は教えるということについて、そして子どもたちについて多くのことを学びました。

　子どもや教師たちとドラマをするとき、私はすぐにドラマのなかに消えていきます。そうして、子どもたちが学習の主人公になるのです。ドラマ教育の大家であるドロシー・ヒースコートが教えてくれたように、私はドラマを観て楽しむ観客となるのではなく、ドラマの参加者として、教え学ぶというダイナミックな関係性を苦心しながら探究していくのです。

　公開授業では、生徒たちはグループ全体で活動をしたり、小グループに分かれたり、ペアになったりします。私はときどき子どもたちからフィードバック（ふりかえりの評価）をもらうようにしますが、そのフィードバックを受けて参加している教師たちは、そのあとをどのように続ければよいのかを考え始めます。私は、教師たちの強さや能力にいつも驚かされます。というのも、教師と子どもは、ためらいがちにではありますが、創造的にかかわりあいながらドラマをつくりだしていくからです。

　あるとき、若い女性教師が文句を言いました。役に入って話しあいをしていたとき、私が彼女に意見を求めなかったというのです。私は「子どもの活動に焦点をあてていたから」と答えましたが、彼女は「私にもいい考えがあったのに」と不満気

でした。たしかに、教師が観察者であると同時に参加者である場合にはフラストレーションが生じやすいかもしれません。けれども、学びが起こるのはまさにそのような緊張のなかからなのです。

ドラマが終わると、まず子どもたちと「ふりかえり」をし、それから大人たちともします。「ふりかえり」を行うことで、ドラマが成長する可能性は倍になります。参加者のそれぞれが自分の体験を語るのを聞くとき、誰もがその体験談と洞察から恩恵を受けます。たくさんの体験談や洞察のなかから、一人ひとりが自分の歩んでいる道を照らしだす洞察を選びとっていきます。また、子どもたちがのちに手紙を書いて送ってくれることがあります。手紙には、ドラマ体験を通して新しく気づいたことや、これから自分が考えていきたいことなどが書かれています。

教師たちも、ドラマに関して気づいたことを日記やレポートに記して、それぞれの日常の教育活動へと持ち返ります。本書では、そのような教師たちの洞察に満ちた感想をその都度紹介していきます。何年にもわたって、たくさんの教師たちが授業のあとで話しあいをしたり、感想のレポートを書いて、私の公開授業に対して考えをめぐらせてくれました。教師たちの考察を見せてもらうにつけ、今日のドラマ教育に関する問題点がすべてそこに表現されているように思えます。子どもたちと一緒に活動している教師たちの生(なま)の声を聞きとり、子どもと教師の交流のなかから生まれる意味形成のプロセスに参加することができれば、ドラマを教え学ぶというプロセスの実態を、教室という現場のなかから明らかにしていくことができます。

本書で紹介する教師たちのコメントは、彼らの日記、グループ活動のなかでの発言、そしてドラマ教師養成コース修了後のレポートから抜粋させてもらっています。これらのなかには、公開授業や大学でのドラマ演習にかかわった教師たちの様々な反応が見てとれます。教師たちの多くは一緒に作業をし、現代のドラマ教育の大家たちの本を読みました。彼らの一部は、俳優であったり、ストーリーテラーであったり、演劇プログラムの修了生でした。また、ドラマ教育に対してまったく素人の教師もいましたが、ドラマを授業のカリキュラムと結びつける鋭敏な力をもっていました。

私個人の考察は、教師たちのコメントの間に差しはさむようにしました。それらの教師のコメントはすべて匿名にしてあります。何故なら、一つのコメントにも普

通たくさんの人たちの体験が含まれていて、それは教え学ぶ者たちのコミュニティ全体に属していると考えられるからです。もちろん、子どもたちの声も紹介します。それらは、子どもたちが普段の教室の生活に戻ったあとで私に送られてきた手紙から抜粋しました。そこからは、子どもたちがドラマの体験をふりかえってどんなことを考えたのかが読みとれるでしょう。

　子どもたちの感想には、私がドラマのなかで見落としたり、見誤った瞬間をとらえているものがよくあります。また、「祭りのあと」に冷静な眼で見た洞察を示していることがあります。それゆえ、子どもたちの手紙は宝物です。担任の教師たちが親切にも送ってきてくれる子どもたちの手紙の束に目を通すとき、いつも心が躍ります。それらを見ると、ドラマの意味が時間をかけてふりかえられるときに、いかにたくさんの洞察が生まれてくるのかがよくわかります。

　　　1994年9月　トロントにて
　　　　　　　　　　　　　　　　　　　　　　　　　デイヴィッド・ブース

もくじ

はじめに 1

第 1 章 「ねえ、どれがいい？」──子どもの「遊び」から「ドラマ」へ　19

「もしも○○だったら」と考えてみる　20
本当の遊び、本当のふり　29
どこで遊ぶ？　32
ドラマのなかで遊ぶ　34

第 2 章 物語の洞窟に入る──「物語」と「ドラマ」をつなぐ　39

物語──千の顔をもつ生命(いのち)　40
　『ヨセフの物語』　42
鉄道工事をする。炭坑で働く　44
　『運び屋チャンと夜の河』　45
輪のなかに入って教えよう　48
　『鉄道の亡霊たち』　49
記念碑をつくる　54
　『記念碑』　54
物語る(ストーリング)ことを学ぶ　57

第 3 章 紙袋の顔・顔・顔──ドラマを計画する　65

オリバー・ハイドがデトロイトにやって来た　66
　『オリバー・ハイドのふきんコンサート』　67
紙袋の思い出　68
　『ヘビにかまれた鍬の柄』　69
ドラマの活動を計画する　73

第 4 章 王様と私——ストーリードラマの実践例　75

25年間、物語のなか　76
ドラマで問題解決　80
王様への手紙　83
役を演じる子どもがもつ力　86
物語の安全ネットがないとき　88
　❖ 表1「ストーリードラマ」のモデル　92

第 5 章 先住民になる——教室にコミュニティをつくる　95

異文化との出会い　96
　『探険』　96
民族をつくる　99
一人でする。みんなでする　101
物語との再会　104

第 6 章 誰がしきるの？——教師の役割　107

先生はひとりぼっち　108
秘密の種あかし　111
用務員さんはすごい　115
教師たちの声　117
内側から見る　118
ドラマのなかの出来事を組み立てる　123
　『地底の少年』　124
ドラマの魔法にかかる　128
テーブルの下　129
　『ハリスさんの問題』　130

第 7 章 狼少年に会う——ドラマトーク　133

狼少年の教育　134
　『ジャングルとの別れ』　134

子どもが知識をつくる　137
話すことで学ぶ　139

第8章　うわさは本当？——ストーリーテラーの役割　143

子どもが物語を話すとき　144
　『お化けの眼をもつ木』　144
どこで物語を見つけるの？　148
アクションで語る　149
　『赤いライオン』　150

第9章　騎士を生きる——ストーリードラマを通した言語の成長　153

中世の物語　154
　❖ 表2　ストーリードラマ『ハロルドと巨大な騎士』　156
自分の言ったことが聞こえた？　159
「ふりをする」から「なりきる」へ　160

第10章　バッファローがいなくなるとき——考えることを励ます　163

バッフォローをどこに隠そうか？　164
　『鉄の馬』　165
演じながら考える　169
誰が質問をするの？　171

第11章　トラの足跡を読む——読解力とドラマ　175

活字の世界に入る　176
　『踊るトラたち』　176
活字に意味を見つける　179

第12章　怪物をつくっちゃった——作文とドラマ　183

ボドニックとマンヤ　184
ドラマをふりかえって書く　189
　『コヨーテの冬』　189

第 13 章　3000の声が響く──ドラマのなかで朗読をする　195

サーカスと朗読　196
朗読をする理由　197

第 14 章　海の人々を信じる──ストーリードラマによる成長を評価する　201

海の人々は何を学んだの？　202
『グレイリング』　202
❖ 表3　ストーリードラマ『グレイリング』　204

そして、むすびに　207

できあいのアイディアを打ち砕け　207

(付録1)　ドラマにおける成長を評価する　214

(付録2)　ドラマプログラムを評価する　216

訳者あとがき──トロントのドラマ教育にふれて　220
参考文献一覧　230
人名解説・索引　233

謝辞

私の教師としての人生に大きな影響を与えた4人の教育者に感謝を捧げます。

ビル・ムーア——彼は、私がオンタリオ州のハミルトンで教えていたときのスーパーバイザーでした。ビルは、教室のなかで教師として存在することの重要性を示してくれました。子どもを尊重することが、教師という仕事の存在理由だということを教えてくれました。

リチャード・コートニィ（トロント大学オンタリオ教育研究所教授）——彼は、私を真に学ぶことへと開眼させてくれました。人を教えるには、個人の哲学が必要とされるということ、そしてほかの教師やアーティストの仕事について読んだり、それをふりかえったりすることで、自分自身の道が見いだされるのだということを身をもって教えてくれました。

ギャヴィン・ボルトン（ダーハム大学教授・イギリス）——彼は、自分自身の活動だけでなく他者の活動に関しても、それをふりかえるという作業がいかに大切かを教えてくれました。彼はドラマという独特のアートについて、一人ひとりがそれを探究してゆく力を有しているということを教えてくれました。

ドロシー・ヒースコート（ニューキャッスル大学教授・イギリス）——彼女は、アートを通して真実を探究することは、あらゆる学びの機会を開くということを示してくれました。

ストーリードラマ
教室で使えるドラマ教育実践ガイド

DAVID BOOTH
STORY DRAMA
Copyright © 2005 Pembroke Publishers Limited
Japanese translation/ rights arranged with Pembroke Publishers Limited
through Japan UNI Agency, Inc., Tokyo.

＊本書は「2005／2006カナダ首相出版賞・審査員特別賞」を受賞し、カナダ政府の助成を受けた。

1章

「ねえ、どれがいい？」

子どもの「遊び」から「ドラマ」へ

「もしも○○だったら」と考えてみる

　私たちは忘れているでしょうが、子どもは動き回るようになると、すぐに「ごっこ遊び」を始めます。子どものなにげない遊びの、まさにその中心にドラマはあります。古い木枠をお城に見立てたり、椅子が馬になったり、絵筆が魔法の杖になったりします。

　ジョン・バーニンガムの絵本『ねえ、どれがいい？（Would You Rather...）』（まつかわまゆみ訳、評論社、1983年）を見ると、こういう遊びがいかに自然なものなのかがよくわかります。物語(ストーリー)とドラマを混ぜあわせたようなことを子どもたちとしたいのなら、この本は格好の材料となります。そして、さらに「物語」と「ドラマ」という二つの学び方の関係を見ていくときにも大いに役立ちます。

　読者は、最初のページから、こんな感じで絵本の世界に引き込まれていきます。

　　ねえ、どれがいい？
　　あなたのお家のまわりが
　　大水？
　　大雪？
　　それとも、ジャングル？

　この本のページをめくると、このような選択肢がいくつも並んでいます。それらを見て、子どもならすぐに、一番生き生きとイメージがわいてくる場面を選ぶことでしょう。そして、こんなふうに付け加えると、そこにドラマの要素が導入されます。

　「いま、そのお家のなかにいるんだよ。お家のなかは、どうなってるの？」

　すると、子どもたちは絵本の世界の一部になり、「いまここ」にいながらも自分だけの「そのとき、その場所」をつくりあげていきます。作家というのは、実に巧妙に、「もしも○○だったら」の魔法を使って読者を物語のなかへと引き込んで

くのです。そして、ドラマもそれと同じようにして始まります。

　子どもたちが物語をドラマにまで展開していったときには、それを本にして出版してみたくなるほどのものが生まれてくることもあります。何故なら、いろいろと考えながら役柄の演技が繰り広げられていくなかで、子どもの創造的な思考力が養われるからです。そして、一つ一つの動きに含まれている多様な意味をとらえる力が身につき、読書に欠かせない「もしも○○だったら」という空想力も身につきます。

　また、ある物語をもとにしてドラマが展開していくにつれ、ドラマのなかの学びを通して子どもの個人的な意味の世界が豊かになっていきます。そして、それによって子どもがテキストから読みとる意味もさらに深まっていくのです。

　私は自分の仕事の性質上、子どもたちとはドラマのレッスンをするときにしか会いません。そのため、子どもからすぐに反応を引きだせるような本を選びます。そして、ドラマのなかで「もしも○○だったら」という世界をつくりだせるように、子どもたちをそのなかへと導いていくのです。たとえば、『ねえ、どれがいい？』を使えば、どんな学年の子どもともすぐにドラマを始めることができます。この絵本を読んで、絵を見せながら一場面ずつストップします。そして、子どもたちがストーリーテリングやロールプレイングを通して作者の考えに反応し、自分たちの気持ちを表現できるようにしていくのです。また、子どもたちがあたかもその物語の登場人物であるかのように問いかけをして、その世界をイメージできるようにします。子どもたちが絵本のなかの役柄になって語ることで、それぞれが創造的にイメージしたことがみんなに伝わります。

子ども（小１）　ぼくのお家は、水に囲まれてるんだ。
ブース　じゃ、島に住んでいるの？　それとも、家つきの船に住んでいるの？
子ども　半島だよ。でも、陸づたいに岬までは行けないんだ。山でふさがっているんだよ。
ブース　ボートはもっているの？
子ども　モーターボートはもってないよ。うちの家族は、あれはよくないって言うんだ。うちで使うのはヨットだけだよ。

ブース　じゃ、何か緊急事態が起こって、そのとき風が吹いてなかったらどうするの？
子ども　カヤックがあるよ。ぼくはすごく早くこげるから、助けを呼びに行くんだ。あっちには救急用のボートもあるしね。

　私は、子どもたちとやり取りをしながら、彼らが想像のなかで見たり感じたりしていることがいったいどこに行きつくのかを、子どもたち自身が理解できるようにします。そして、子どもたちと一緒に、彼らの空想を筋の通った個人的な物語にまでつくりあげていくのです。
　ドラマによるロールプレイングは、単に読んだ物語を理解したり、それに共感するだけでなく、さらに一歩先のところにまでつれていってくれます。つまり、その物語を題材にして、子どもたちは自分の考えを築き始めるのです。その話に個人的に反応して、新しい意味の世界に好きなだけ入っていくのです。
　ドラマのなかで子どもたちは、その特定の場面から離れていって、そこで問題になっていることの本質をより深く理解し、そこに潜んでいる意味を明らかにしていくのです。

　　もし食べるとしたら
　　クモのシチューがいい？
　　なめくじのお団子？
　　それとも、すりつぶした虫のおかゆ？
　　カタツムリのジュース？
　　ねえ、どれがいい？

子ども（小5）　もちろん、カタツムリのジュースだよ。
ブース　それは、どこで手に入るのかな？
子ども　毎年、夏にパパとつくるんだ。まず、カタツムリを捕まえてくるんだ。ぼくたち、すごいワナを発明したんだよ。それから飲み物にするんだ。
ブース　どうやって？

子ども　えーっとね、まず、ぜんぶ蒸留する。大切なのは、カタツムリのエキスだけを使って、肉を使わないことだ。
ブース　どうして？
子ども　飲むときに、肉がストローにつまるからだよ。
ブース　その飲み物は何に入れるのかな？
子ども　カンだよ。
ブース　ビンじゃだめなの？
子ども　えーっと、１回ビンを使ったんだけどね、ダメだったんだ。ビンにつめた夜、パパが夜中にぼくを起こしに来て、イーストを使いすぎたからあっちこっちでビンが爆発しているって言うんだ。それで、ビンをみんな裏庭にもっていって埋めたんだ。誰もケガをしないようにね。

　この子どものように、ストーリーテリングのなかで役になりきって自分の物語を自由につくりあげていくとき、子どもは自分のもっている知識と経験を最大限に利用して、その話を文学的なものにまで仕上げていきます。ドラマは、子どもが物語からつかみとったものが何なのかを教えてくれるのです。私は、子どもたちが読んだり聞いたりしたことを想像のなかでいろいろと探っていく作業をサポートします。外に向かうドラマという表現形式をとると、子どもたちの見方はその場でどんどん変化して広がっていきます。そして、ドラマの力がついてくるにつれて、子どもたちのコミュニケーション・スキルも向上します。というのも、体験を的確にとらえ、問題点を演技で表現し、ドラマの様々な手法をうまく使えるようになるからです。

　　もしも起こるとしたら、どの事件がいい？
　　ゾウにお風呂の水を飲まれちゃう。
　　ワシにごはんを食べられちゃう。
　　ブタに服を着られちゃう。
　　カバに布団をとられちゃう。
　　ねえ、どれがいい？

このような楽しい選択肢があると、子どもたちの水平思考[★1]が高まります。子どもたちは互いの話をヒッチハイクして、それぞれが想像した場面から浮かびあがってくる意味を紡ぎあわせていきます。シナリオをつくり変え、広げていって、一見ばかげたような話から意味を見つけていくのです。

子ども（小1）　ゾウさんがね、お風呂の水を盗んだの。
ブース　そのとき、お風呂に入っていたの？
子ども　うん、入ってたよ。
ブース　じゃあ、ゾウさんは汚れた風呂水を飲んだってわけ？
子ども　ちがうよ！　飲んでないよ。お鼻に水をいっぱい貯めたの。あとで使えるようにね。
ブース　ゾウさんは、あなたのペットなの？　サーカスから来たの？　それとも野性のゾウなの？
子ども　近所の人のゾウなの。

子ども（小4）　ワシが、ぼくの夕食を盗んだんだ！
ブース　そのとき、きみの夕食はなんだったの？
子ども　ありったけの野菜、全部だよ。

ブース　ブタさんが服を着たの？
子ども（小2）　うん。わたしのジーンズや、Tシャツや、靴下や、アディダス。
ブース　どうしてブタさんは、そんなことをしたの？
子ども　わたしの裸を見たかったんじゃないかな。

ブース　カバが、あなたのベッドで寝たんだって？　ベッドはつぶれた？
子ども（小1）　うん、つぶれた。でもね、カバはそんなつもりじゃなかったの。
ブース　ママは、なんて言ってた？
子ども　あのね、ママに本当のことを言うのは怖かったの。だって、動物園の動物は、みんなわたしの部屋にいるでしょ。でも、それはずっと「ダメ！」って

言われてたの。こわれたベッドは、買ってもらったばっかりだったの。
ブース　それで、パパとママになんて言ったの？
子ども　本当のことを言ったの。きっと、わかってくれるって思ったから。
ブース　すてきなパパとママだね。
子ども　うん。

　物語を読むとき、子どもたちは物語のダイナミックな展開につき動かされて、先へ先へと読みすすんでいきます。ところが、学校では分析的な読解力に重点が置かれるあまり、物語と対話しながら読みすすめ、そこに意味を生みだしていくという能力はあまり重視されていません。もちろん、教師は子どもたちの読解力を養う役割を担っているので、書かれている言葉を正しく理解できるように指導しなければならないでしょう。しかし、ドラマをすることで読解力も身につくのです。

　　ねえ、どっちがいい？
　　お父さんが学校で踊るのと
　　お母さんが喫茶店で喧嘩をするの。

　この二つの場面は、子どもたちをそれぞれ別の旅につれだします。ドラマをするときには、活動の起点となる「自己」と演じられる「他者」があります。あるときは「自己」がドラマを推しすすめ、話される言葉や動作を「自己」の個人的経験や価値観から引きだします。また、別の場面では、演じられる「ペルソナ」（他者）が力をもち、その「ペルソナ」が語りと演技を通して複雑なテーマを展開していきます。つまり、「役柄」のなかで「自己」と「ペルソナ」が交差しているのです。したがって、学ばれたことは自己に内面化されると同時に、それまでにない新しい視点からも見られるのです（面白いことに『ねえ、どれがいい？』では、どの場面でも同じ子どもが登場します。まるで、同じ「自己」がその都度新しい状況を体験

★1　エドワード・デボノが提唱した考え。一直線にすすんでいく論理的で分析的な垂直思考とは対照的に、一定の方向に向かうパターンを離れて、別のいくつものパターンを探る創造的な思考のこと。物事をちがう視点から見たり、新しいアイディアを見いだすときに水平思考は役に立つ。

しているかのようです)。

　ところで、この「お父さんが学校で踊る」と「お母さんがレストランで喧嘩をする」のどちらかを選ぶ場面では、子どもたちの個人的な経験が関係していることがわかりました。お父さんが学校で踊るシーンを想像した子どもたちは、おもしろい理由を考えだしました。たとえば、PTAの資金集めをするためだとか、テストでひどい成績をとったクラスを元気づけるためだとか、あるいはエスニック・フェスティバルの出し物だとか、という理由です。父親が踊ることを恥ずかしいと思う子どもはおらず、それは父親にとってもクラスにとっても良いことだと感じているようでした。

　ところが、レストランでお母さんが喧嘩をする場面を思い描いたときには、お母さんをめぐって様々な感情や葛藤が現れてきました。子どもたちは、何とかお母さんをかばおうとするのです。でも、みんなちょっと困ったような顔をします(バーニンガムの物語に出てくる子どもは、どの場面でもみんなちょっと困ったような感じで登場してきます)。

子ども(小5)　一緒にマクドナルドにいたの。お母さんはちゃんと並んでたのよ。でも、急に男の人がお母さんの前に割り込んできたの。お母さんの恋人がすぐに走ってきて、その男に「うしろに並べ」と言ったわ。

　いろいろなストーリーが次々と出てきます。喧嘩をした理由は、悪いことを正そうとしたのだとか、そのときの感情が理性に勝ったのだとか、家庭に不和があるからだといったものです。お母さんがレストランで喧嘩をするというシーンは、子どもたちのなかに蓄積されている緊張を刺激したようです。そこでは、「自己」と「他者」が混じりあい、子どもたちはいろいろと議論をするなかで感情的に強く結びついていきます。

　このように、子どもの私的な世界と物語の世界が交わることによって、子どもたちの理解する力と反応する力が高まるのです。つまり、子どもの個人的反応と物語との間に共鳴しあう関係が生まれるのです。そして、子どもと物語との間の相互作用はますます広がっていき、子どもたちの世界には、同級生の生活や物語の作者の

世界、そして役柄のなかで新しく知った見方などが付け加わっていきます。
　こんな具合に、クラスのなかで場面がどんどん展開していくと、子どもたちの一つ一つのアイディアが言葉遊びや演技を伴うブレーンストーミングのきっかけとなり、やがては一つのドラマレッスンへと発展していきます。

　　ねえ、どれがいい？
　　迷子になるなら
　　霧のなか？
　　海の上？
　　砂漠？
　　森のなか？
　　それとも、
　　人ごみのなか？

　こうした場面設定の一つ一つから、クラス全体のドラマレッスンが導きだされます。そして、引きだされてくるドラマは、その集団の興味や関心によって大きく異なってきます。
　たとえば、過去の霧のなかから失われた都市が出現したというドラマもありました。また、救命ボートで海を漂流しているとき、『蠅の王（Lord of the Flies）』[★2]に出てくる「島」を発見したこともありました。砂漠でやっと水を見つけたと思ったら、その水が魔王に支配されていたこともありましたし、森のなかをさまよって、ずっと地下で生活してきた人たちの国を見つけたこともありました。宇宙人でいっぱいの雑踏のなかで迷子になり、信頼できる人を見つけだすまで自分の身元を明かせないこともありました。
　親や教師やそのほかの人たちとの個人的な結びつきのなかで、子どもたちは読むということを学びます。読むということは、こうした身近な人間関係の延長なので

★2　ノーベル賞作家ウィリアム・ゴールディングの1954年のデビュー作。イギリスから疎開する少年たちの乗った飛行機が南太平洋の孤島に不時着したのち、その島で繰り広げられる少年たちの壮絶な生きざまを描いた作品。

す。ちょうど、家族や友達や周囲の環境にかかわるのと同じようにして、子どもは物語と個人的なかかわりをもちます。ですから、子どもがふれる物語は、その子の経験とその子が属する集団の期待に沿うものでなければなりません。ほかの人の言動に反応したり、ほかの人からの反応を受けとったりしながら子どもたちは自分のアイデンティティを広げていきます。つまり、他者から物語を借りてきて、自分の物語とうまくかみあうかどうかを見ているのです。子どもたちは、自分の物語と他者の物語の両方を通して人生を探っているのです。そうやって、自分の過去、現在、未来を表現する自分だけの物語の世界をつくりあげていくのです。

　　ねえ、どれがいい？
　　あなたのお家のまわりが
　　大水？
　　大雪？
　　それとも、ジャングル？

　ある小学生のクラスの子どもたちが、それぞれお気に入りの環境を選びました。一人ひとり、自分が選んだ場面を演じてみます。難しいところもありますが、楽しそうでした。私は子どもたちを観察しながら、その空想の生活環境についてゆっくり質問を始めました。あるダウン症の子どもは、雪のなかに天使をつくっていました。彼の理解力がどの程度なのかを知らないまま、次のような質問をしてみました。

ブース　お家は雪で囲まれているの？
　　　　（子どもはうなずく）
ブース　雪のなかで暮らすのは楽しい？
　　　　（子どもは再び、うん、とうなずく）
ブース　きみは冬の王様かい？
　　　　（子どもは、うん、とうなずく）
ブース　それなら頭に何をかぶっているの？
子ども　氷の冠だよ。

夏に氷の王冠をかぶったり、ワシが野菜を盗んだり、カバがベッドで寝たり、風船のなかで朝ごはんを食べたり、子どもの庭園で道に迷ったりすればいいのです。ジョン・バーニンガムも、きっとそう思っているにちがいありません。

本当の遊び、本当のふり

子どもがつくるおとぎ話は、想像力の豊かな大人やすぐれた作家が子どものためにつくるおとぎ話とはまったくちがうものです。……子どもがおとぎ話を聞かされたことがあるかないかは、あまり関係がありません。たとえ聞かされたことがなくても、子どもは自分自身のアンデルセンになり、グリムになり、エルスホフになります。それに、子どもの遊びはみんな、その瞬間瞬間につくりだしたおとぎ話の上演なのです。空想のなかでは、どんなものも生命の息吹を吹きかけられ、ただの椅子が汽車になり、家になり、飛行機になり、ラクダになります。
　　　　　コルネイ・チュコフスキー『２歳から５歳へ（From Two to Five)』

遊びは、子どもの発達にとってなくてはならないものです。遊びのなかで子どもたちは育ち、自発的に学んでいきます。話したり、想像力を働かせ、観察したことや印象に残ったことを通して体験を整理して理解していくのです。ですから、幼稚園や小学１年生の教室は、たいていドラマ遊びを呼び起こすような道具を備えています。部屋の隅に「ドラマ・コーナー」があったり、設備の整った部屋があります。箱やマント、帽子、いろいろな小道具や模型などの遊具があれば、大人が指導しなくても子どもたちはドラマ遊びをします。教師によっては、キッチンのような場所を数人にわりあて、ごっこ遊びをさせたりします。また、物語や話しあい、あるいは特定のテーマをきっかけにして、ドラマ遊びが起こるようにする教師もいます。

このような「ドラマ遊び」からもっと冒険的な「ドラマ」への移行は、慎重に行われなければなりません。私の息子の話をしましょう。４歳になる息子と一緒に『白

雪姫』の役を演じていたときのことです。息子は「物語通りに」と主張しつづけました。『白雪姫』に取り組んでいた数か月間、息子は物語の中身を発展させていくことを認めず、自らがあらかじめ決めた形をまるで儀式のように繰り返していました。

　幼稚園に入って、やっと息子は「もしも○○だったら」という想像の世界を物語のなかに取り入れることを少しずつ認めるようになりました。魔女役になった息子が白雪姫役の私に「リンゴがほしいか？」と尋ねたとき、私はようやく「いいえ、汁気たっぷりの熟れたナシがほしいわ」と答えることができました。すると息子は、「ちょうどよい。ナシも籠のなかにある。この黄色いのをかじりなさい」と答えたのです。

　彼はこのとき、物語をそのまま忠実に演じることから一歩ふみだし、決まった終り方や固定した筋書きのない即興のドラマへとふみ込んだのです。新しい白雪姫の誕生でした。私と息子は、『白雪姫』という枠組みのなかで自分たちのおとぎ話をつくり始めたのです。

　数年前、友人のデイヴィッド・デイヴィスが５歳の娘イレインをつれて、イギリスから私の家にやって来ました。そのとき、イレインが『赤ずきんちゃん』を自分なりにつくり変えて父親と演じている姿を見て、私はその才能に驚きました。彼女にせがまれて、私は籠やお菓子を隠すフキンを用意しました。そのすでによく知っている話に彼女はうれしそうに入り込み、それをその都度新しく演じていきました。そして、彼女の父親は下品なオオカミをうまく演じていました。

　「オオカミ役をやってみないか」と誘われて、私はやってみることにしました。イレインに従って物語をつづけていきました。しかし、ある場面でこのドラマ遊びはピタッと止まってしまったのです。オオカミの私が「おまえをもっとよく見たいんだよ」と言ったとたん、イレインは父親に向かって「もう遊びたくない」と言ったのです。

　ドラマ遊びは、現実的な場面が急に割り込んでくると消えてしまうのです。そこにはもはや自分を守ってくれたり、自分を投影できる物語がなく、このときには現実のキッチンのなかに、あまりにも現実的な姿でオオカミとなった私がいたのです。イレインが私に教えてくれたのは、ドラマはあくまでも空想に満ちていなければな

らないということです。学習環境としてのドラマは、現実を象徴的に表現して理解するためのアートなのです。

では、私たち教師にできることは何でしょうか？　まず、ドラマ遊びが起こるような環境をつくることです。それから適切な態度や接近の仕方や方法を用いて、子どもたちがテーマをふくらませ、言葉や遊びの幅を広げていけるように助けることです。教師は、演技を導き、特定の動きを促したり、いま何が起こっているのかを子どもに質問したり、ときには自分で役を演じてドラマに入ったりすることもできます。

子どもたちの遊びをよく観察していると、彼らの遊びの体験をもとにレッスンプランを立てることができます。また、いつ遊びをドラマ活動へと方向づけていけるのかもわかります。それ自体は方向づけをもたない子どもの遊びのなかに、もっと形のはっきりしたドラマレッスンへと向かうきっかけを見いだすことができます。そして、ドラマレッスンのなかで子どもたちはいろいろと試し、新しい別のやり方を検討したり、グループで作業をして自分たちの考えを整理していきます。たしかに、リチャード・コートニィが指摘しているように、ドラマ遊びは教師が見ていないところで生まれます。しかし、注意深くドラマへの方向づけをしながら子どものなかに入っていくと、子どもたちの創造的な方向づけやアイディアを損なうことなく、彼らの活動を支え導くことができます。

息子が5歳のころ、遊んでいるときによく独り言を言っていました。それを見ていると、子どもの言語発達にとって遊びがいかに大切であるかがわかって驚きました。オモチャを動かしてはしゃべらせ、そこに何かを投影した遊びをしていましたが、自分がその話のなかに入って演じるとき、息子は遊び以外の場面では出すことのない言葉や声色を使って、言葉のいろんな面を探っていました。瞬時に役割を変えたり複数の役割を演じ、それぞれのキャラクターに合わせて声を変え、場面に合わせて言葉使いも変えていました。

息子は遊びのなかで、観客として、自分のつくりだした登場人物を見ているようで、必要に応じて角度を変えながらストーリーを複雑にしていきました。私は、まちがいなくドラマ遊びは言語の発達に不可欠なものだと確信しました。そこで問題となるのは、教育の場面で用いられるドラマがこうした自発的な言語活動をうまく

引きついでいけるのかどうかということです。そのとき、ロールプレイングや即興は学習の手段としてどのように役立つのでしょうか？

ドラマ遊びは空想のなかで起こりますが、その構成は言語に基づいています。遊びのなかの「語り」がテーマを形づくり、話に一貫性をもたせ、その子どものニーズに沿った展開を生みだすのです。ドラマの場合は、参加者の間のやり取りを通してみんなが一つの経験を共有し、知識を生みだしていきます。ドラマの参加者たちは、計画を練って話しあいを重ね、互いに支持しあったり相手に反対したりして、自分たちが体験していることを明らかにしていきます。

役を実際に演じて実感してみると、新しい体験や視点、そして洞察が生まれてきます。そのなかで、子どもの言語表現が豊かになっていきます。しかし、それは単なるドラマの副産物ではありません。言語能力はたしかにドラマのなかから育ちますが、言語がまたドラマを形づくるのです。これらは、すべて同時に起こります。

どこで遊ぶ？

ある夏期プログラムで、教師たちと一緒に仕事をしたときのことです。このプログラムは、幼稚園のクラスに構造のはっきりしたドラマを導入し、レッスンがすすんでいくにつれて、そこで用いられた技法を分析するというものでした。

4人の教師が、30人の園児と公園をつくるドラマレッスンをしました。まず、子どもたちはキャンプソングを歌って、どんな遊びが好きかを話しあいました。それから小グループに分かれ、パントマイムによって好きな遊び道具で遊ぶまねを始めました。すると、教室のなかに公園ができあがりました。そして各グループは、自分たちがつくりだした公園をほかのグループに説明したり、遊びをパントマイムでやってみせたりしました。

そして、そこへ安全ヘルメットをかぶった教師が入ってきて、部屋中に「この公園は閉鎖中、ビル建設予定」と書いたチラシを貼って回りました。やがて子どもたちもこの張り紙に気づき、字の読める子どもがほかの子どもたちに、この差し迫っ

た状況を知らせました。すると、子どもたちは遊びをやめて、公園管理者役の教師に向かって、「公園をつぶしてビルを建てるのはよくない」と猛烈に不平を言い始めました。そこで私は、子どもたちと一緒に、この事態にいったい何ができるだろうかという点にテーマをしぼって話しあいをすすめました。子どもたちは抗議のポスターをつくって、先ほどのチラシの上に貼りました。それから、市長宛の嘆願書を作成しました。その日のレッスンはそこで終わりました。

　次のレッスンでは、キャンプソングを歌ってから前回の授業をふりかえる短い話しあいをしました。クラスは四つのグループに分かれ、各グループに教師が一人リーダー役として入って、ビル建設反対という子どもたちの抗議の意思を確認し、グループの結束を固めました。それからクラスが一つに集まり、都市計画委員の役をしている教師のところに行って抗議をしました。すると、都市計画委員は、この公園には老人ホームが建てられるのだと説明しました。子どもたちは、自分たちの意見を主張しました。都市計画委員はそれに共感はするのですが、「この計画は取り消せない」ときっぱり告げました。

　そこへ、一人の教師がマーシャル婦人の役になって登場しました。彼女は、新しく建つビルに入居することを望んでいる老婦人でした。子どもたちは、この老婦人にいろいろと質問をして、公園の土地に老人ホームを建てる必要があるのかどうかを考えはじめました。このとき、ドラマに加わっている教師が「ビル建設に抗議する以外に何かよい方法はないのだろうか？」と言って、子どもたちのエネルギーを別の方向に向けました。

　このように、この教師は子どもたちから出てくるアイディアを使いながらドラマを組み立てていきました。マーシャル婦人が「いまの家にはとても大きな空き地があって、そこを公園用地として喜んで市に寄付する」と申し出ました。子どもたちは、この提案を満足のいく解決策として受け入れ、公園管理者の教師と一緒に新しい場所に公園を造りなおしました。ある意味で、ドラマはスタート地点に戻ったわけです。

　さて、このレッスンでとくに重要なポイントが二つありました。一つは、子どもたちが架空の遊び場がなくなるというチラシを発見し、その意味を知ったときで、このときにドラマがちがった方向に動きだしました。もう一つは、子どもたちがマ

ーシャル婦人には新しい老人ホームが必要なのだと理解したときで、このときに彼らの気持ちと緊張感に大きな変化が生じました。この二つの変化を経て、子どもたちはドラマ遊びを超えていったのです。つまり、内省的に考えて、グループで合意に至るところにまで達したのです。自分たちの都合だけで要求をするのではなく、他者のニーズを思いやることができたのです。

　このレッスンのように、感情と認知面での体験が起こり、そのあとで距離をとってふりかえることができれば、そのドラマは大成功だと言えます。このような活動のなかでは、ドラマレッスンが遊びに根ざしていることがはっきりと見てとれます。最初、子どもたちはごく自然にありのままに振る舞い、なじみのある状況に普段の態度でかかわっていました。そして、状況が少しずつ変化していくにつれて必要な役柄を演じ始めたのです。つまり、チラシを読んだ子どもが「公園がつぶされるぞ」と言ったとき、ロールプレイングとドラマが始まったのです。

ドラマのなかで遊ぶ

　アメリカの著名なアート教育の研究者であるエリオット・アイズナーは、『アート教育の神話学（The Mythology of Art Education）』のなかで、子どもたちがアートを学ぶのに、材料と動機づけと励ましさえあればいいというのは一つの神話にすぎないと述べています。そして、「アートを表現手段として用いる能力は、習って修得するものです。教師は、単に材料を与えて励ますよりもはるかに複雑な役割を担っています」と書いています。

　もちろん、子どもたちが自然に生じたドラマに特定の方向づけをもたないまま入り込み、教師の介入なしで「もしも◯◯だったら」の世界を維持しながらドラマを展開させていくような場合もあります。おおよそそんなときは子どもたちも遊び気分でやっていて、グループをまとめるような方向に学習の枠づけがなされると不満を感じるかもしれません。そういう場合には、自由なやり方でしばらく遊んでいる必要があります。ドラマの場面を体ごと味わい、ドラマの細部や周囲の状況を具体化

してみるのです。しかしながら、ドラマに構造が必要な場合もあります。しっかりとした枠組みがあると、気持ちや反応が掘りさげられ、明確にされ、修正されて、最終的には理解できる何かへと変わっていき、それに対してふりかえりをすることもできます。

　教師としての私の仕事は、クラスの大多数が受け入れられるようなドラマのテーマを子どもたち自身で発見できるようにサポートすることです。私の仕事は、ドラマを演出したり、指示通りに子どもを従わせたりすることではありません。私は答えを与えないように注意を払い、必要なところでプレッシャーをかけたり、体験を深めさせたりしながら、その場面を切り盛りしていきます。それは、枠組みをつくっては変更し、焦点を定めては変えていくという果てしないプロセスです。私は子どもの提案の奥にあるものを見抜き、そのアイディアをクラス全体の教育目標に沿って活かせるような適切な方法を見つけなくてはなりません。

　ドラマ教師養成コースを受講しているある教師が、中学校で教えている人形劇をどう改善したらよいのかと質問をしました。彼女のやり方は単純で、人形づくりのために材料をたくさん買い集め、まず5人で作業を始めさせ、必要に応じて手助けをします。しかし、できた人形劇は面白みに欠け、情緒や体験の面で深みがなかったそうです。それにもかかわらず、この教師は、子どもたちの考えの流れを邪魔するのではないかと恐れて、人形劇の方向性を変えることをためらっていました。

　私はドラマ教育のコンサルタントとして、いろいろな学校であらゆる学年のドラマ活動を見てきました。ショックなことに、中学校の演劇のクラスではテレビコマーシャルが「即興」の唯一の材料になっているところがありました。教師はスキットが終わるたびにクラス全体に質問をするという教育方法を信奉していて、するどい演劇批評が返ってくることを期待していたようですが、生徒たちの間で互いの演技をけなしあうだけになることもありました。

　あるドラマ教師が、彼のドラマ指導法について説明をしてくれたことがあります。まず、適切な材料やアクティヴィティで生徒を動機づけ、グループに分けます。次にエクササイズの内容を伝え、生徒が作業をしている35分間はその教室を離れます。そして、授業が終わる10分前に教室に戻り、各グループに発表をさせるのです。

　この教師は、自由な表現を通して子どもの想像力が解放されると考えていました。

そして、ドラマにはあまり価値がないという結論に至ったらしいのですが、それは当然の成り行きだと思います。

　生徒の自己表現力を高めるのは大切です。しかし、一方で私たちは、社会的な文脈における子どもの認知的・情緒的発達にも深く関心を寄せなければなりません。それゆえ、構造のはっきりしたドラマを導入することを嫌がったり、恐れてはならないのです。その枠組みのなかで子どもたちはドラマという体験にかかわり、ドラマを自分のものとし、新しい洞察や理解を得るのです。

　子どものなかには「まっかなウソ」が信じられず、「もしも○○だったら」の魔法を受け入れることのできない子どももいます。そういう子どもは、「いま」という現実のなかに閉じ込められていて、想像の世界がとうてい理解できないかのようです。いったい何が邪魔をして、架空の世界を信じることができないのでしょうか？

　想像の世界を理解できないということが、その子どもの生活全体にどのような影響を及ぼしているのでしょうか？　「いま、ここ」を手放すことは、そんなに苦しいことなのでしょうか？　何にしがみついているのでしょうか？　何かのイメージ、自分、過去……いったい何でしょうか？　そして、いったいいつドラマの翼を広げて羽ばたけるのでしょうか？　また、羽ばたきつづけられるでしょうか？

　トニーのことを思い出します。トニーは10歳でしたが、どうしても砂漠の砂を見つけられませんでした。彼には、フローリングの床が見えるだけだったのです。

　「砂なんかない！　砂漠なんかないよ！」

　そこに、ドラマはありません。ドラマレッスンがどのようにすすんでいこうと、トニーは現実の部屋という空間から離れることができなかったのです。クラスの子どもたちは、トニーがたえまなくこぼす不満をしだいに気にしなくなり、それを無視をしてドラマはすすんでいきました。そのとき生徒たちは、人間には価値がないとするロボットの世界をつくりだしていました。トニーは周りでウロウロするだけで、決して参加しませんでしたが、みんなの迷惑にならないように、まるで壁紙のようになっていました。

　保護者会の夜、親が見ている前で子どもたちと一緒にドラマをやってみせることがあります。このクラスでも、それを行いました。照明や仮面などの劇場道具を使うので、参加者も観客も盛りあがります。トニーは何とか動作だけはやっていまし

たが、照明が落された瞬間に私のほうを向いて次のように言ったのです。
「あそこに座っているのは、ぼくのお母さん？」
「そうだよ、トニー」
「いま、ドラマをやってるの？」
「そうだよ、トニー」
「あー、そうなんだ」

　その瞬間、まるで鏡を通り抜けるようにしてトニーは非現実の世界に入ることができたのです。どうして、この瞬間まで私は彼の心に触れることができなかったのでしょうか？
　なかには、ただなんとなくやっている子どももいます。けれども、ある場面や緊迫感によって、あるいはグループの力によって突然ドラマに引き込まれ、「もしも○○だったら」と考えられるようになります。
　空想の楽園に入るために、もっと形式のはっきりしたアプローチを必要とする子どももいます。そういう子どもは、幼児のときに本当に遊んだことがあるのだろうかと不思議に思うことがあります。砂場のなかに町を見たことがないのでしょうか？　ダンボール箱のなかを宇宙カプセルのように感じたことはなかったのでしょうか？　粘土をこねてパイを焼いたことがないのでしょうか？　それとも、意識的に役を演じることを拒んでいるのでしょうか？　一歩下がって人生を新しい角度から見直すことを、わざと避けているのでしょうか？　どのくらい自分を信頼できれば、他人の身になって考えられるようになるのでしょうか？
　簡単なことです。フローリングの床の上で30分だけ遠く離れた砂漠に立てればいいのです。
　私は、大人（教師）たちが空想の世界のまっかなウソに悪戦苦闘する場面も見てきました。大人の場合は、ドラマに参加しているとわかっていても尻込みをするのです。ステレオタイプ的に演じたり、ドラマを邪魔したりします。ほかの人と一緒に喜びを分かちあいながら何かを創造するという活動に入り込めないのです。フィクションでありながら、なおかつきわめてリアルなドラマ体験を味わうことができないのです。そんなとき、彼らはこんなふうに言います。

「何も起こらなかったので、自分はドラマに新しい風を吹き込もうとした」と。

しかし、実際には、共演者の話に耳を傾けたり周囲を観察することができず、ドラマの動きに身をまかせられないのです。実のところ、ほかの人たちと一緒に何かを創造していく作業に積極的に身をまかせるのは大変難しいことです。おそらくドラマは、誰か一人ではなく、参加者全員によってつくりあげられていく唯一のアートではないでしょうか。

ドラマは社会的なプロセスです。子どもは他者の考えに関心を寄せ、自分の考えと気持ちをグループの方向に合わせていかなくてはなりません。子どもたちは、互いのやり取りを通して、相手との間で共有された意味を自分の個人的な意味とすりあわせていきます。役に入ったり、役から出たりしながらドラマの形を明確にし、ドラマをその内側からコントロールしていきます。そのとき、「ふり」は「本物(リアル)」でなければならないのです。小さな砂場が砂漠となるように……。

2章

物語の洞窟に入る

「物語」と「ドラマ」をつなぐ

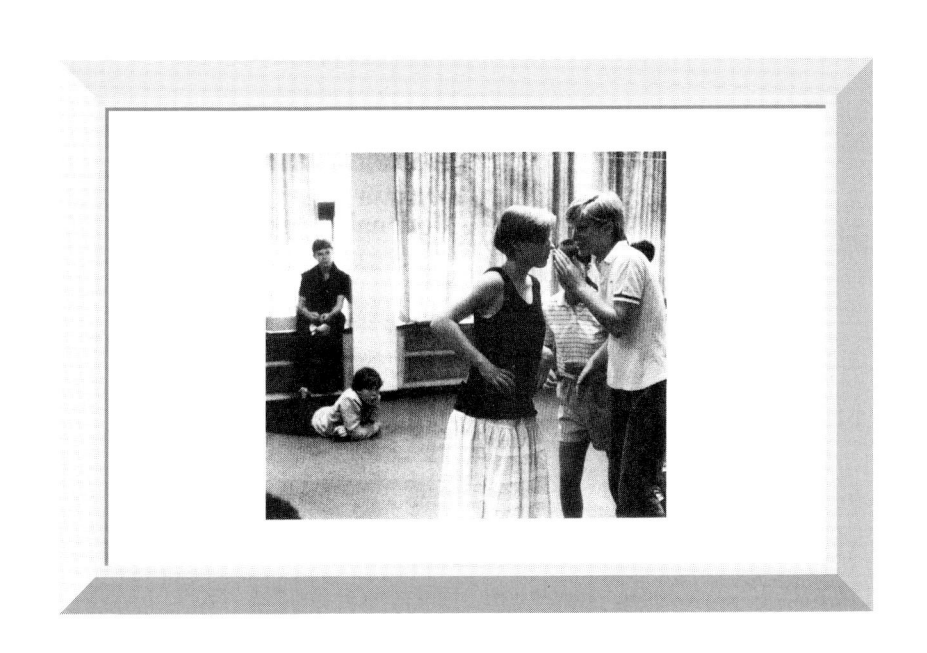

物語──千の顔をもつ生命(いのち)

　物語や歌というものは、山々と同じくらい古くからあります。それは、大地のような土の温かさと自然が育む不思議さを備えています。それに引き換え、新しくつくられた物語や歌はガソリン臭さが鼻をつき、エンジンのような唸り声をあげています。しかし、こうした物語や歌には、その時代背景にかかわらず共通するものがあります。それは、人間が自分自身について語る声です──夢、戦い、愛への想い、陰謀、いたずら、祝宴、一切れのパン、平和への祈り、山河の破壊などです。それは、千の顔をもつ声なのです。

レーモン・ロス『ストーリーテラー（Storyteller）』

　物語(ストーリー)は、人が経験をまとめるときに使う基本的な方法です。それは、学習の枠組みとしても使えます。私たちは、他人の物語のなかに自分の物語を探しだして読みとります。ここでいう「物語(ストーリー)」とは「語り(ナラティブ)」のことであって、単に筋書きのことではありません。「語りは、心が行う基本的な行為です」と、バーバラ・ハーディは『クール・ウェッブ（The Cool Web）』のなかで述べています。ハーディは次のように言います。

　「語りは歌や踊りと同じようなもので、経験を自分の思いどおりに秩序づけるためにアーティストが用いる美的なつくり話ではありません。むしろ、それは心の行う基本的な行為なのであって、生命の働きがアートへと転化したものなのです」

　子どもが眠りにつくとき、あるいは目覚めているときにお話を語り聞かせると、子どもの内面に自分の物語がつくられていきます。それが、その子にとって大切な役割を果たすのです。ハーディは、フィクションの物語もそれと同じだと言います。ハーディによると「物語る(ストーリング)」というのは、たえず過去をつくり直し、アイデンティティをつくり変えていくという作業です。つまり、後ろをふりかえって前へとすす

むための作業なのです。

「物語る」というのは、実に動的なプロセスです。私たちは物語をつくり、その物語の世界を実際に生きます。そして、それを忘れたり思い出したりします。また、それを語り聞かせ、つくり変えたり、手渡したり、書き下ろしたり、歌ったり、演じたり、描いたりします。子どもは、いつも物語という形を通して話します。実話であろうとつくり話であろうと、それは同じです。そして子どもは、他人が言っていることも物語を通して理解します。

あるとき、トロント市内のさびれた地区にある小学2年生のクラスを訪れました。その学校は、鉛の精錬所に囲まれて汚染にさらされていました。その学校の校長は、私を呼んで授業にドラマを取り入れ、学校の汚れた窓から見える景色とはちがうイメージを子どもたちに与えたいと思っていました。何故だかわかりませんが、このとき私は『旧約聖書』のヨセフの物語〔創世記37章〕を選びました。聖書が机の近くにあって、私の目を引いたからかもしれません。いや、くすんだ学校の扉を通りぬけていくのに特別な力添えが必要だと感じたからかもしれません。

クライド・ロバート・ブラが描いた絵本のなかでは、ヨセフとその家族の話は暗くて、謎に満ちています。まるでヨセフの家族が私に対して「おまえにこの物語が理解できるのか」と挑戦しているかのようです。私はクラスが一つになって、この物語に取り組んでほしいと思いました。そこで、ヤコブと生徒たちからなる「32人の子どもたち」〔聖書では子どもは12人〕を登場させ、うす汚れた町から遠く離れた場所と時代をつくりだしました。

私たちは、砂漠の暮らしをつくりあげていきました。子どもたちは、羊と山羊を飼うことにしました。オアシスを見つけ、砂を掃いて床をきれいにし、動物に水をやるための飼い葉桶をつくり、ナツメヤシの籠を回して食事をしました。ドラマに臨場感をだすために、本物の果物を籠に入れました。

それから、ヤコブ役の私と、ヤコブのお気に入りの息子であるヨセフ役の少年がそのオアシスを訪れました。ヤコブ役の私は生徒たちに話しかけます。

「息子たちよ、よく働いているな。明日、このヨセフが新鮮な果物とワインを持ってくるから、それで暑さをしのげるだろう。そろそろ秋だな。おまえたちが村に戻ってくる季節になる。もうすぐ、家族のみんなが私の下に集うことになる。楽し

みだ。ところで、ヨセフの新しい上着はすてきだろう。私がつくったのだ。テント職人の技術がこんなときに役立つとは驚きだ。それでは、お別れにしよう」

　私たちは輪になって座り、生徒たちは仕事のことや砂漠の暑さについて話しました。自分たちの暮らしに比べて、ヨセフが楽な生活を送っていることも話題にのぼります。そのうち、彼らのなかに怒りの感情がわき起こり、ヨセフを追放しようと

『ヨセフの物語』

　末っ子のヨセフは、12人の息子のなかで父ヤコブに溺愛され、彼だけが裾の長い晴れ着をつくってもらうほどに甘やかされます。父がヨセフを特別にかわいがるのを見て、兄たちはヨセフを憎みます。ヨセフの方と言えば、兄たちが自分にひれ伏すという内容の夢を見て、それを父に告げることで、さらに兄たちに憎まれることになります。

　ヨセフが兄たちのいる牧羊地に使いに出されたとき、彼らはヨセフを殺そうとします。しかし、長兄のルベンはヨセフを助けようとして血を流すことに反対します。そこでヨセフは、裾の長い晴れ着をはぎとられて穴に投げ込まれます。その後ヨセフは、そこを通りかかった隊商に売られてエジプトに連れていかれます。兄たちは雄山羊を殺して、ヨセフの着物をその血に浸して父の下に送り届けます。ヤコブはヨセフが死んだものと思い、長い間嘆き悲しみます。

　エジプトに連れていかれたヨセフは、最初、ファラオの役人で侍従長のポティファルに買い取られます。ヨセフは彼に仕え、災いに巻き込まれて牢につながれたりしますが、のちにファラオの信任を得て30歳のときエジプトの宰相になり、食料政策に手腕を発揮して国の大飢饉を乗り越えます。

　飢饉はヤコブとその息子たちのいるカナンの地まで及び、父ヤコブは息子たちをエジプトまで穀物の買い付けに行かせます。そのとき、ヨセフは兄たちと再開します。その後、老いたヤコブと息子たちは、ヨセフの計らいでエジプトの地に移り住むことになります。ヤコブはその地でさらに17年間生き、息子たちに看取られながら亡くなりカナンの地に埋葬されます。ヨセフの兄弟たちはその後もエジプトで暮らし、ヨセフは110歳で亡くなります。

　のちにモーセは、エジプト人の奴隷へとおちぶれたヤコブの子孫であるイスラエルの民を引きつれて、エジプトを出てカナンの地をめざすことになるのです。

いう筋書きが生まれました。生徒にはまだ絵本を読み聞かせていませんでしたが、彼らは記憶の糸をたぐりよせ、昔話を下敷にしてヨセフを商人に売りわたそうと決めたのです。そこで、私はエジプトの商人になって、この場面をパントマイムで演じました。

　さて秋になり、息子たちが父ヤコブの下に帰るときがきます。

ブース　息子たちよ。おまえたちが帰ってきてくれてとてもうれしいよ。ヨセフはどうした？　あとから来るのか？
子ども１　ヨセフは来ません。
ブース　遅れているのか？
子ども２　彼は帰ってこられないのです。
ブース　何故だ？
子ども１　死んだのです。
ブース　死んだだと⁉　それは、どういうことだ？
子ども１　殺されたのです。
ブース　どうして殺されたのだ？
子ども１　羊が殺したのです。
ブース　羊がどうやって殺したというのだ？
子ども２　窒息させたのです。
ブース　なんてことだ。ヨセフが羊に窒息させられただなんて。
　　　　（誰も笑いませんでした。子どもたちは私の悲しみを感じとったのです）

　この会話を少しふりかえってみましょう。「子ども１」が、砂漠の牧羊生活という背景を使って架空の状況に新しい意味を付け加えました。羊以外に、ヨセフに危害を与えるものを思いつかなかったのです。「子ども２」が「子ども１」につづきます。ドラマを進行させるために「子ども２」は、羊から羊毛を思いつきました。羊毛にできるのは窒息させることです。私は、子どもたちが思いついたことに疑問を投げかけるのではなく、それを受け入れることでドラマをつづけました。
　子どもたちが真剣にもがいて考える姿こそ、私が求めている教育のあり方です。

人殺しの羊でいいのです。口先だけの答えで、みんなを喜ばせる必要はありません。子どもたちがもがいて答えを見つけだし旅をつづけていく様子に、私は感動を覚えます。私のテントにいた32人の子どもたちは、みんな、ヤコブ、ヨセフ、そしてその兄弟たちのことを理解しました。

その日の午後、運動場にいる子どもたちを見かけました。小さな体はタールのように黒ずんで見えましたが、彼らはいたずらっ子のように走り回っていました。窓の外からは「ヨセフを捕まえろ！　捕まえろ！」という声がします。彼らは、物語のつづきで遊んでいたのです。

鉄道工事をする。炭鉱で働く

　私の父が、サクラメント近郊にある中国人経営の果樹園で果物を収穫していたころのことです。労働者たちは、暑さでクタクタになるまで働いたあと、いつものように掘っ立て小屋に集まりました。昔の人たちは、眠りにつく前のひとときを、物語を語りあって過ごしたのです。

　けれども、こうした物語は決して現実逃避ではなかったのです。ケネス・バークが諺について言ったことは、人々の物語にも当てはまります。物語は生きるための戦略なのです。少なくとも、物語はなぐさめを与え、いやそれ以上に希望を与えてくれます。そして、それにもましてこういった物語の一つ一つには、中国系アメリカ人が経験した孤独、怒り、恐れ、そして愛が表現されているのです。

　　　　　　　ローレンス・イェップ『レインボー・ピープル（The Rainbow People）』

『金山からの物語（Tales from Gold Mountain）』という本で、著者のポール・イーは素晴らしいことをやってのけました。彼は、カナダに移民としてやって来た中国人の男たちが国営鉄道の建設やアメリカ大陸北部のゴールドラッシュで働いたときの歴史的事実を、中国の民話と結びあわせたのです。これらの物語は、非常に奇妙

な形で子どもの心をつかみます。そこで私は、彼の作品をドラマに用いて、イーが物語のなかに隠した秘密を見つけようと思ったのです。たしかに、民話と歴史上の事実を結びあわせると多くの普遍的な真理が現れてきます。私たち教師は、ドラマのなかでそのような普遍的真理を探究するのです。

　ある8年生のクラスで、『金山からの物語』のなかから「運び屋チャンと夜の河」という物語を話して聞かせました。一人の若い男チャンが、ゴールドラッシュのころ、

『金山からの物語』の原書表紙

『運び屋チャンと夜の河』

　馬に乗ってカナダ西部の金鉱の町を回り、手紙や薬、物資を届けて働く正直者のチャンは「運び屋チャン」として人々に親しまれていました。彼はお金を稼いでは、中国にいる母親の下に仕送りをしていました。同じく中国からカナダに渡った怠け者の弟は、消息をたっていました。

　ある夜、運び屋チャンは、事故に遭った鉱夫の下に薬を届けるために危険を冒して夜に馬を走らせます。途中、河を渡らなければなりませんが、それをチャンはためらいます。夜の河では、溺死した者たちの霊が身代わりを探して人を襲うという話を聞いていたからでした。意を決して河を渡るチャンの足首を何かがひっぱり、水の中に引きずり込もうとします。もがきながらチャンは、「自分は運び屋であり、薬を届けに行かねばならない」と叫びます。すると、何者かが彼を離しました。礼を言うチャンに亡霊は、「岸にある自分の遺骨を祖国の中国に送ってほしい」と頼みます。さらに亡霊は、自分がチャンの弟と、掘りあてた金塊を独り占めにしようとして殺しあったことを白状するのでした。驚くチャンに、償いをしたいという亡霊は金塊のありかを教えます。チャンはその金を母親のもとに送りますが、弟の最期は知らせないでおきました。

カナダ西部の金山で働いている労働者たちに手紙や金や薬を運んできます。ところが、ある日、チャンが河を渡ろうとすると亡霊が足をつかんだのです。亡霊は「河で死んだ労働者たちの遺体を埋葬すると約束すれば足を離してやる」と言います。そうすれば、死者たちが永遠の眠りにつくことができると言うのです。

　河の亡霊たちの置かれた状況がドラマの焦点になります。ドラマが始まると子どもたちは床から起きあがり、幽霊のように動きながら、河岸にいる運び屋チャンの下へと近づいていきました。そして、その生きた人間に懇願するのでした。

　このドラマは、生徒たちに二重の役割を体験させることになりました。一つは、亡霊となって、生きている人間と交渉をするということです。そして、もう一つは、チャン役である教師の私を説得するということです。生徒たちの説得は非常にうまく、論理的思考にもすぐれており、ディベートで勝つことに慣れた論者のようでした。しかし、それよりも私はドラマの真髄に触れたいと願っていました。この場面の感情を揺すぶるような力強さや登場人物の美しさを、役を演じることで感じとり理解してもらいたいと思っていたのです。

　生徒たちは、亡霊役のまま小グループに分かれました。そして、どのようにして運び屋チャンを説得すればいいのかと考え、その作戦を練りました。自分たちを弔ってもらい、そのあとに遺骨を中国に戻してもらうように説得しなければならないのです。そうこうするうちに、彼らの考えも変化してきました。つまり、息子が母親を想う気持ちや死者を敬う文化へと話が広がっていったのです。それから、もう一度生徒たちが河のなかに立って岸辺の生きた人間に話しかける場面を行うと、彼らの言葉のなかにはチャンの心を動かそうという情熱がこもっていました。生徒たちは何度かグループ替えをして新たな議論をわき立たせ、チャンの心をつかむアイディアを考えだしました。

　ドラマが動き始めたのは、なかなか承諾しないチャンに彼らが苛立ちを覚え、なんとかチャンの気持ちを変えたいと感じたときです。もはや、彼らは教室でドラマを演じている生徒ではなく、河のなかにいて、そこから出ようと必死にもがいている亡霊となっていました。そのとき、彼らの言葉が変化しました。注意深く選ばれた言葉には気持ちがこもりました。そして、悲痛な叫び声とともに腕や体を使い始めたのです。また、肩と肩を寄せあって小さく集まって互いの力を結集しようとし

ました。そのとき初めて彼らはドラマのもつ力に触れたのです。役を通して相手を変化させ、声や身ぶりや全存在をかけて相手を説得するためにはどうすればいいのかがわかり始めていたのです。

やがて、私が「埋葬の儀式を執り行う」と約束したとき、彼らは大きな安堵感を覚えました。それは、ドラマのなかでは苦しむ死者の安堵感であり、ドラマの外では教師が課した芸術的かつ道徳的な挑戦に見事にこたえた生徒の満足感でした。

のちに、このクラスで同じ本から別の二つの物語を選んで読み聞かせをしました。物語の時代背景について質問がもちあがり、新しいドラマをやってみようという声があがりました。物語そのものと中国人労働者を思う気持ちから、このような声が生まれたのです。このようにレッスンは、さらに大がかりなドラマづくりの第一歩になることもあります。つまり、北アメリカにおける中国人労働者の生活を描く本格的なドラマをつくるということです。

生徒のなかの何人かは、その日の活動をふりかえって詩をつくり、後日送ってくれました。それらは、物語をドラマ化することによってより深い理解が得られたことを示しています。その一つをここに紹介しましょう。

　　思いだせ

　私の想い
　私の言葉を、すべて思いだせ。
　私はもう逝ってしまうのだから、鳥のように。
　肉体は土のなかで眠れども
　たましいは、どこかすこやかな世界をさまよう。
　私がなしたこと、言ったこと、すべて
　死の床で、よみがえる。
　いま言えること
　　「見よ。横たわるわたしを」
　その眼のなかに
　私の面影が見えるか。

何も言わず、あなたの下を去ろう。
　わたしはもう逝ってしまうのだから、鳥のように。

メラニー

　私は教師としてドラマをちがった方向に広げていこうと思っていましたが、明らかに生徒たちは自分たちの物語をつくる方向に向かっていました。このとき、レッスンを決めるのは子どもであることがますます明確になりました。どの部分が重要で、どの登場人物が前面に出るべきかを子どもたち自身が私に示し、そのドラマ活動を自分たちのものにしていったのです。つまり、私はレッスンを構成しますが、ドラマを創造するのは子どもたちなのです。

輪のなかに入って教えよう

　幼い子どもの遊びと学校でのドラマ体験には深い関係があります。次に紹介するケースでは、子どもたちが教室に入ってきた瞬間からそのことがはっきりと現れていました。学校のなかで行われたサマーキャンプに参加した、5歳と6歳の男の子25人からなるクラスでのことでした。私はポール・イーの『金山からの物語』のなかから「鉄道の亡霊たち」という物語を使うことにしましたが、その場で読み聞かせをするのではなく、そのコースに参加する教師たちにサマーキャンプの前日に読み聞かせをしてもらうことにしました。そうやって子どもたちを物語で包みこみ、さらに教師にお願いして、演劇用のパラシュートを使って子どもたちを体ごと包み、物語の輪のなかに引き入れるように頼んだのです。そして当日、男の子たちは大きな出窓のそばに座ると、その話を私に語ってくれました。ある教師は、のちにこう書いています。

　　デイヴィッドはその日、物語を読みませんでした。その代わりに、クラスにかかわる大人たちが役を演じながら全員でストーリーテラーとなったのです。

パラシュートで子どもたちを集めたのですが、パラシュートは強力なシンボルとなりました。驚いたことに、1回の読み聞かせで、子どもたちは物語の内容をすべて覚えました。これには、本当にびっくりしました。

　物語も、読み聞かせることも何と楽しいことでしょう！　教師たちはみんなで支えあい、子どもたちを助けることができました。子どもたちはパラシュートをしっかり握り、大喜びで上げたり下げたりしながら山や波、屋根などをつ

『鉄道の亡霊たち』

　中国南部出身の若者チューは、アメリカに出稼ぎに出たまま音信不通になった父の行方を捜すために単身でアメリカへ渡ります。お金がないため、山を切り開く鉄道敷設の労働者として雇われ、その先々で同じ中国人労働者に父の消息を尋ねるのでした。鉄道開発の仕事は過酷で、危険きわまりないものです。中国人労働者は安い賃金で白人のボスにこき使われ、土砂崩れや山を切り崩すダイナマイトの事故で大勢が亡くなっていました。しかし、チューは父がどこかで生きていることを信じて働きつづけます。

　あるとき、未完成のトンネルがある山にたどり着いたチューたちは、「なかに幽霊がいるぞ！」と叫びながらトンネルから労働者たちが逃げ出してくるところに出くわします。聞いてみると、トンネルの岩肌から暗い影が浮かびあがり、重い足音が響き、誰もいない住処（すみか）からため息やうめき声がもれているということでした。労働者たちはふるえあがりましたが、なかに入って働かないことには賃金をもらうことができません。そこで、チューは幽霊たちが無害であるということを証明するために、一人トンネルのなかで一晩を過ごすことにしました。

　トンネルのなかで眠りについたチューに、何か重いものがのしかかります。驚いて目を覚ましたチューの前に彼の父の亡霊が現れ、自分が爆発事故で死んだことを告げます。その事故で死んだ白人は教会の庭に埋められたのに、中国人たちの遺体は河に放り込まれて流されてしまったと言います。そのため、亡くなった中国人たちの魂はさまよっていたのです。

　チューは父親の亡霊に導かれて、箸を骨に、わらを肉に見立てて、亡くなった中国人たちを山の頂上に葬りました。その後、亡霊たちは、二度と人々や、のちにそこを走るようになった列車を悩ますことはありませんでした。

くりました。本当にいい気持ちでした。パラシュートがあったことで語りを始めるきっかけがつかめ、話しがすすむとパラシュートを使って気持ちを舞いあげることができました。

この物語の読み聞かせはよかったのですが、もっとよかったのはあとの話しあいで、パラシュートが読み聞かせをより楽しいものにしたことがわかったときです。こうした一連の活動は、綿密な計画を立てた後に、流れにまかせるなかで自然に起こったものです。私たちは、もっと「流れにまかせ」てパラシュートを広げればいいんですね。

鉄道労働者の役を演じる子どもたちは、大きな輪になって座り、新しい世界へと旅立つ用意をしました。そして、パンの固まりを回していきました。家庭生活の思い出を象徴するものとしてパンを使ったのです。そのあと、私がこれから予想される困難について話しました。子どもたちは家族に別れを告げたのです。この場面に参加した教師は、次のように述べています。

　　パンには深い意味がありました。まるで、この想像の世界を食べているかのような気がしました。つながりをつくってくれたのもパンでした。パンを食べることで、子どもたちの注意がそがれるのではないかと心配でしたが、そんなことはありませんでした。パンは美しく、オレオ・クッキーにはそれがありません。パンを分け合うことほど、人とのつながりを意識できるものはありません。あのつながりの実感は貴重なものでした。

　　私はこの素晴らしい瞬間を通して、ドラマを教え創造することの魅力がわかりました。私の息子役のベンが、新しい世界へと旅立つ準備をしていたときのことです。荷づくりを終えると、彼の心のなかにいろんな思いが浮かんできたようで、ベンは私の目をまっすぐに見つめていました。私は彼の言葉を待ったのですが、しばらくは何も出てきませんでした。「何か言いたいことがあるの」とやさしく尋ねると、彼は心の底から言葉をくみ出すように、ただ一言「行ってきます」と言ったのです。この言葉には、力強さと重みがありました。まるで、母親を残して異国に旅立つという決心が何を意味するのかを理解している

かのようでした。私は、この瞬間を決して忘れないでしょう。

「長い航海に行きたい者はいないか！　中国から北アメリカまでの長い航海だ」と、船長役の私は呼びかけました。
「呼びかけに応じた者には、仕事と靴と金塊を用意するぞ！」
　少年たちが船の乗員名簿に名前を書いて、ストーリードラマが始まりました。この部分を、教師のコメントから見ておきましょう。

　　セッションが始まって間もないころ、少年たちは、船長役のデイヴィッドの前に並んで「君を見ているよ！」を歌いだしました。よくあるキャンプソングで、これはまだ彼らが遊びの段階にいることを示していました。デイヴィッドは、流れにまかせて歌が終わるのを待ち、それから、このドラマが本物だと感じられ、集中できるように緊張感を与えていきました。
　　「さあ、名前を書いて！　金塊はここだよ！」
　　黄色の用紙に一人ひとり名前を書いていくと、子どもたちの意識のなかでドラマ活動は深まっていきました。このあとにデイヴィッドは質問をしたのですが、この質問がとてもよかったと思います。
　　「このなかで、お父さんの亡霊が残していったメッセージを思いだせるほど勇敢な奴はいるか？」
　　ほとんどの少年が手を挙げて答えます。ドラマの始まりです。次に必要となるのは、少年たちをドラマに引き込み、彼らが本物の労働者に「なる」ようにもっていくことです。言い換えると、単なる遊びからドラマ遊びへ、そしてドラマへと導いていくことです。

　物語のなかで、一部の労働者たちがトンネルに入ろうとしないシーンがあります。トンネルのなかから亡霊の声がすると言うのです。そこで、私は次のような場面を設定しました。
　建設会社の担当者役の子どもたちが、なかに入るのを嫌がる労働者役の教師たちをトンネルに入るように説得するという場面です。それは、次の場面でこんなシー

ンへとつづいていきます。役の少年たちが寝床で眠っているところに亡霊役となった教師がやって来て「炭鉱に入るのは危険だ」とささやくのです。

クラス全体で夜に訪れた亡霊から聞いたことを話しあうと、トンネル事故で死んだ人たちの霊をきちんと弔ってあげないといけないという方向にドラマがすすんでいきました。教師たちに床に横たわるようにお願いすると、子どもたちは教師たちを遺体に見立てて、やさしくパラシュートで覆いました。

　　ドラマが終わりに近づいたとき、子どもたちはなんとも美しい瞬間を味わいました（本当に、なんと素晴らしい瞬間だったことでしょう）。彼らは、パラシュートで大人たちを埋葬する体験を象徴的に行ったのです。子どもたちは、自分たちが何をしているのかわかっていました。

子どもたちがトンネル建設の現場監督に三度おじぎをすると、ドラマが終わりました。ストーリードラマが完結したのです。

最初、この子どもたちはまだ小さすぎて、このように内容が濃く、展開の多いドラマは無理だろうと思われました。私は、このレッスンを遊びからドラマ遊びへと、できるだけ近づけようとしました。ところが、いざ始めてみると、とても深い内容になりました。パラシュートとパン、そして何よりも教師たちの働きぶりに感謝しています。教師たちはすぐれた感受性をもったアンサンブル奏者のように、私の指揮にこたえてくれました。自分たちの主張を控えて私を手伝ってくれたのです。そのおかげで私は、子どもの純粋な心のなかに全員でドラマを生みだす微妙な瞬間を見つけることができたのです。あの埋葬の儀式を決して忘れることはないでしょう。子どもたちは、できそうもないことをやってのけました。私たちは、子どもたちから期待していた以上のものを受け取ったのです。ある教師の感想です。

　　男の子たちはあまりに小さくて、私は一人の子どもを踏みつけそうになったくらいです（でも、おあいこです。ドラマの終わりのほうで、こんどは私が踏みつけられそうになったからです。そのときは、そんなことをまったく気にしませんでしたが……）。ちびっ子たちは、ニカーッと歯を見せて笑ったり、ク

スクス笑ったり、いたずら心をきらめかせて動き回って楽しんでいました。私の娘と同じ年齢の子どもたちでした。

　最初は、娘だけが私とあの子どもたちをつなぐ接点だったように思います。そのうえ、彼らは男の子でした。けれども、ドラマを体験しおえて子どもたちのことをふりかえってみると、私はあの子どもたちのおかげで娘を新しい視点から見られるようになったのです。そしてまた、娘オーレリアの目で子どもたちを見ました。娘のことを考えると、子どもたちのことがよく見えてきました。時を超えて輝く瞬間、いまにも泣きそうになる瞬間、何かを考えて笑いが吹きだそうとする瞬間、深さ、奇妙なほど素晴らしい独特のユーモア、ひたむきさと一歩も譲らない頑固さ、正しいことであってもまちがったことであっても私をただ喜ばせようとする切実さ、6歳であるという純粋な喜び……。

　今夜、彼らと心の底から喜びあうことがもうないのだと気づいて、とても寂しく感じています。

　私は、生徒たちを本当には見ていなかったことに気づきました。見ていたのは、ほんの数分だけです。考えてみれば、私はとても自己中心的な見方をしていました。ですから、生徒にとっても、私自身にとっても、満足のいくレッスンができなかったのです。私は、中学生たちの心や体、そして精神にすっかり慣れてしまっていたのです。中学生の精神が、どんなところから生まれ育ってきたのかを見落としていました。私は、自らの気持ちを生徒たちに集中していませんでしたし、一瞬一瞬に充分かかわっていませんでした。

　このことに気づいたことは本当にありがたかったです。そのおかげで、明日からどのように仕事をしていくべきかが明らかになりました。私の使命はただそこにいることです。子どもたちとともに真っすぐその場にいることです。そこに実際に存在している子どもたちとともにいることです。私が望むような生徒たちとではなく、実際にそこにいる生徒たちとです。

記念碑をつくる

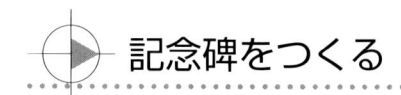

　ゲイリー・ポールセンは『記念碑（The Monument）』という短編小説のなかで、ベトナム戦争で亡くなった人々の記念碑を造るように、中央アメリカの小さな町から委託されたアーティストのことを書いています。このアーティストは、その町や人々のことを学び、町の人々の価値観を付け加えてスケッチをしていったので、彼の作品はこの町の人々を反映したものとなりました。それを見て、人々は自分自身について改めて知るところとなり、驚くのでした。そこから緊張感が生まれ、物語は感動の結末へとすすんでいきます。

　ポールセンは、アートの本質、アートの形式と機能、そしてアートがアーティスト自身と観衆に与える影響について語ります。彼は次のように言います。

　「私はアートを見せたい。アートがいかに思考を揺さぶり、粉々にするのか、いかに喜びと悲しみを同時にもたらすのか、いかに所有し所有されるのか、いかに人生を吹き飛ばし一変させてしまうのか、ということを」

　もちろん、これはストーリードラマの働きでもあります。ドロシー・ヒースコー

『記念碑』

　アメリカの中央の小さな町で、アーティストを雇って記念碑のデザインを頼むことになりました。記念碑は、ベトナム戦争で亡くなった息子や娘に捧げるためのものでした。雇われたアーティストは町の人々にいろいろと言われましたが、少女と仲良くなったことで町の人々のことを理解できるようになりました。

　アーティストがプロジェクトをすすめるにつれて、町の人々は自分たちがもっている価値観や偏見について気づくようになりました。そして、最終的には、町の人々はアーティストによる記念碑の案を受け入れたのでした。みんなは公園を造り、戦争で亡くなった兵士の名前を一つ一つ付けた木を植えました。その公園は「平和の公園」として大切にされました。

トの言葉を借りると、ドラマとは、「子どもたちを驚かして、これまで思いもよらなかったことについて子どもたちが知るようになる」ためのアートなのです。そうすることで、教室の生活は一変し、子どもたちは集合的無意識のなかへと引き込まれるのです。

　小学生のグループにとって、ポールセンの本の内容は少し難しかったようです。しかし、生徒たちは苦しみながらも自分たちの価値観を深く理解し、歴史上の複雑な真実をよく理解しました。私は生徒たちのことを知らず、また生徒たちもその小説を読んだことも聞いたこともなかったので、私たちはまず大きなグループになって、町中や旅行で目にした記念の建造物について話しあうことから始めました。その結果、噴水、立像、オベリスク、壁などを含む、たいへん長いリストができあがりました。

　私は、問題解決を要する場面からドラマを始めました。これは物語の中心的なテーマに沿っていました。生徒たちは小グループに分かれ、アーティストたちの役を演じるように求められました。アーティストたちは、ベトナム戦争で6人の町民を亡くした小さな町に戦争の記念碑を造る契約を勝ちとろうと競いあっていたのです。私は町長となって、契約を得るための条件について説明をしました。大きな模造紙とマジックが配られ、創造的に計画を立てるセッションが始まりました。担任の教師が協同学習の活動を根気強く指導していたので、生徒たちはすぐにその状況に入っていくことができました。そして、記念碑としてふさわしいと思えるものを図に描いて発表しました。

　生徒が役に徹することができるように、町の人々の前にアーティストたちのテーブルを用意し、発表をそれらしく演出しました。私は町長として、ある後援者の要望をアーティストたちに伝えて緊張感を高めました。その要望とは、記念碑は戦争で亡くなった彼の息子に捧げられるものであること、そして戦闘服に身をかためて戦闘準備をしている息子を表現したものでなければならない、というものでした。この考えは、私がグループを観察しているなかから生まれたものです。というのも、生徒たちは武器や軍の装備に関する内容をすべて無視していたからです。

　生徒たちは、平和の記念碑を造ることを望みました。しかし、ドラマ教師であり国語の教師でもある私は、身内を失い、その死を悼む必要のある町民の感情を生徒

がつかめるようにしなければなりませんでした。活動をすすめるなかで生徒たちは、その複雑で悲しい時代の記念碑がないということに関して、長い時間を要する大変な作業をすることになりました。同時に私は、彼らが普段の自分たちの生活からうまく「離れていっている」と感じました。その結果、ドラマ活動を通して彼らは他者が置かれている状況を理解するようになり、そうするなかで彼ら自身の生活にも光があてられたのです。

　最初の計画を立てたのちに後援者からの要望が寄せられたことで、アーティストたちのグループはデザインを考えなおす時間を必要としました。その後の議論は活発なものとなって言い争いになるほどでしたが、その議論はきちんと役を演じながら行われました。教師である私は、そばで質問をしたり励ましたりするコーチ役として各グループと活動をともにしました。

　各グループのアーティストたちは、示された条件を記念碑の作成に組み入れ始めましたが、平和を象徴するものを造りたいという自分たちの思いを捨て去ることができませんでした。そして、デザインが発表されました。デザインはいろいろでしたが、亡くなった兵士や戦争の精神を表現している抽象像や、腕を突きあげた形の噴水もありました。突きあげた腕はコミュニティを象徴しており、周りに武器が置かれていました。また、平和の庭園もありましたが、そこでは兵士が腕を広げて、平和の象徴の鳥を抱いた訪問者を歓迎していました。

　しかし、まだドラマはうまくかみあっておらず、全体のなかで各部分がバランスを欠いていました。後援者は表舞台に出ることはなく、その代わりに町長が各グループの発表に対して、たくさんの勲章に身をかためた兵士を芸術的に表現するようにと、せき立てました。そして、ドラマのこの場面で、アーティスト役のある少年が町長にこう言いました。

　「戦争では、たくさんの命が奪われます。看護師、医者、記者、子ども、市民、そして当然、兵士も。兵士だけでなく、どの人の命もかけがえのないものです。この記念碑を、亡くなったすべての命に捧げられないでしょうか。そうすることで、あの男の人の息子は、ぼくたちが心に刻んでおきたい人たちの一員になるのではないですか。彼の精神は記念碑のなかに眠り、みんな忘れないでいることができます」

（デニス、9歳）

生徒たちは、この感動的な発言が行き詰まった状況を変える合図だとわかりました。そこで、アーティストたちのグループは再び集まってデザインを考えました。おもしろいことに、多くのグループがほかのグループの意見を取り入れ始めました。すると、クラス全体がどんな記念碑を造るのかについて合意に達したのです。

　それは赤ちゃんが遊べる水場で、木やベンチに囲まれていました。ベンチに座って親たちは赤ちゃんを見守ることができ、子どもたちは周りを気にすることなく一緒に遊ぶことができます。そして、水場の真ん中で一人の若者が荷づくりをし、家を出て村を離れる準備をしているのでした。この記念碑は、たしかに小説家によって書かれた作品と並び立つものでしょう。

　この物語の結末は、私の心に深く触れるものでした。それは、ドラマに登場したアーティストたちがこの話の真実をつかんだからです。そのプロセスのなかには、教師としてストーリードラマにかかわることの複雑さがあります。私は生徒たちが発展させるアイディアを尊重しなくてはなりません。しかし、それと同時に、生徒たちが自分たちにできると思っていることを超えて、さらにより深く物語のなかに入っていけるようにレッスンの構造を組み立てなくてはなりません。ギャヴィン・ボルトンは、教師の一人ひとりが「ティーチャー＝アーティスト」（teacher-artist）だと言っています。それこそが、私たちの仕事を描きだすのにもっともふさわしい定義だと思います。教師としての力強さは、アーティストとしての力に裏付けられます。アーティストとして私は、この30人の子どもたちが一緒に創造していくドラマを形にしながら、みんなが最終的にそのドラマ活動を通して充実感を得られるようにしていくのです。

物語ること（ストーリング）を学ぶ

　子どもは、自分自身の物語をつくりあげていくことをドラマからどのようにして学ぶのでしょうか？　どうすれば、私たちは子どもたちと一緒に作業をしながら物語をつくっていけるのでしょうか？　子どもに読み聞かせる題材となる「物語」が

あるのと同様に「ドラマのなかで生まれる物語」があるのです。

　物語る(ストーリング)というのは、お話を語るプロセスです。「人生の本質的な意味」を見つけようと私たちは経験を対象化し、お話にします。それを自分の心のなかで行ったり、誰かに伝えるなかで行います。体験がきわめて個人的なものであったとしても、物語にすることで、その経験の意味を探ったり、整理したり、ふりかえったり、人に伝えたりすることができます。これらはすべて、その体験が自分にとって個人的にどういう意味があるのかを見つけだそうとする作業です。自分や他者の人生経験のなかに「本質的な意味」を見いだそうとする作業は、人間にとって自然なことです。子どもたちは、物語を通してその方法を学びます。言葉を学ぶうえでも、物語の役割は決定的です。それは、子どもたちに「人生の本質的な意味」を探り発見する機会を与えるのです。これこそが教育ではないでしょうか。

ビル・マンソン

　ドラマは、私たちに物語る機会を与えてくれます。ドラマを通して私たちは「語り」というアートにかかわるのです。昨日の出来事を話すのも、実は想像による行為です。何故なら、登場人物、体験、そのときの状況、動機や結果などを語りながら、それらを新しくつくりなおしているからです。ドラマもそうですが、フィクションを語るときには、その人が経験したあらゆる種類の体験がそのなかに含まれ、その幅を広げていきます。ハロルド・ローゼンは言っていますが、高度の思考というのは、物語る心によってつくられた「頭のなかのフィクション」と呼べるものでしょう。

　ドラマほど物語の可能性を広げてくれる言語活動は、ほかにあまりありません。ごく自然に「語り」が流れでる言語状況もほかにはありません。個人的な体験をドラマ化したものであろうと、文学作品をドラマ化したものであろうと、どんなものでも「語る」ということが学校のカリキュラムの要(かなめ)となるのです。

　ローゼンは、「頭のなかにある物語」は聞いてもらえるのを待っていると言います。子どもは他人の物語を理解しようとするとき、すでに読んだり聞いたりして知

っている物語や自分の個人的な物語にそれを関連づけようとします。子どもは、まさしく本当の意味で、自分の経験からだけでなく読んだり聞いたりした物語からも自分の物語をつくりあげていきます。その物語を理解しようとしながら、自分の人生の意味を見つけていくのです。

　フィクションから自分の物語をつくりだすことができて初めて、その子にとっての物語が生まれるのです。子どもにとって物語のプロセスは、フィクションの話が終わってもつづいていきます。もう一つの物語、つまりその子自身の物語の種が芽を出すまでずっとつづいていくのです。ですから、フレッド・イングリスは「文化」を定義して、「私たちが自分たちのことを、自分たち自身に語りつづる物語集」であると言います。

　ドラマは、物語の世界に分け入っていく行為です。ドラマに参加するとき、私たちはその物語がまるで本当であるかのように行動するのです。物語の世界を想像し、実際に演じ、よくわからない概念に苦しみ、自分自身の経験と照らしあわせて自分なりの解釈をもり込んで形にしていきます。その物語を現実のものとして演じることで、物語のなかの出来事やイメージやテーマを追体験するのです。その物語が書かれた作品であっても、語り伝えられたものであっても、ドラマへの刺激という点では変わりません。ドラマはイメージを通して私たちに働きかけ、その物語の心を伝えてくれます。テキストに書かれているものが私たちの声として響きだし、それがドラマの声となるのです。

　ドラマのなかでは、物語に出てくるいろんな考えが子どもたちの反応を引きだしていきます。それはどういう意味なのか、それに対する自分の反応はどういう意味をもつのか、そういったことが子どもたちによって探られていきます。教師としての私は、物語という豊かな資源をもとに、ドラマを通して子どもたちが意味を見いだしていくのを刺激して高めていきます。ドラマはグループワークですから、みんなで物語の意味を明らかにしていく作業でもあります。それぞれの人が、いろんな見方や解釈のあることを知ったうえで、自分はどう対応していくのかを決めてゆくのです。

　子どもに読み方を教えるときには、個々の単語を読みながら子どもが活字の世界に入ってゆけるようにサポートします。それと同じように、ドラマ教師はドラマ活

動が進行していくなかで子どもたちの学びを深める方法を見つけていきます。したがって、ドラマが完成したあとの発表会やふりかえりの時間だけでは不充分なのです。

　ドラマや物語の内容はフィクションかもしれません。しかし、そのとき子どものなかに起こっている感情は本物です。子どもは物語やドラマの架空の世界にひたりますが、そのとき同時に現実の世界も進行しています。子どもの学びは、この二つの世界——象徴のレベルと現実のレベル——で起こっていることがぶつかりあうなかで生じるのです。

　ドラマを通じて子どもは物語の庭をさまよいます。そして、演技をしながら物語のなかのシンボルやイメージを再構築し、物語の流れを追体験します。物語の内容を吟味し、実際に演じてみて、その物語と「たわむれ」ます。そうしているうちに、物語のもついろいろな可能性やドラマというアートを理解するようになります。

　ドラマは、テキストに書かれている表面的な意味を超えたものを、たとえ無意識的にであれ子どもが把握することを助けます。その結果、子どもは、物語のなかの複雑な意味や微妙なニュアンスを理解するようになるのです。フィクションの状況のなかに入りこみ、イメージを味わい、物語のなかを前後左右に動いてみて意味が生まれる瞬間をとらえようとしているのです。時間の感覚は変化し、様々なアイディアが目の前に浮かんできます。

　本にある物語がドラマに用いられる場合には、子どもはテキストのなかに様々なものを持ち込みます。つまり、物語のテキストのなかで書かれていることと、ドラマのなかで起こっていることと、自分の実生活のなかで起こっていることとをつきあわせて仮説を立てたり、それを確かめたりして意味をはっきりさせようとします。活字になった物語とドラマという二つのアートに取り組むなかで、子どもの学びは統合されていきます。そのとき、ドラマを通して文字が体験へと移し変えられます。そして、その体験によって、物語を新しい視点から検討しなおすチャンスが生まれます。トールキンが言うように、ドラマは私たちを旅に誘います。そう、「何度もそこへと立ちかえる」ことのできる旅へと誘われるのです。

　コールドウェル・クックの『演じるという方法（The Play Way）』（1917年）は、ドラマ教育についての素晴らしい記録です。それは、一人の教師が物語とドラマを

どんなふうに使ったのかを克明に描写しています。この本は、物語とドラマを結びつけて利用することを提案した最初のものです。それ以前は、学校でのドラマと言えば学芸会のお芝居を指していました。しかしクックは、ただ読んだり聞いたりするよりも、実際に何かを行ったり体験をしたりすることによって子どもはよりよく学んでいくと考えたのです。

1920年代初頭のアメリカ合衆国で、ノースウエスタン大学のウィニフリッド・ワードは、物語をドラマ化することについて独自の理論を打ち立てました。それは、手の込んだ台本やセットを使わず、形式張らずに物語を演じるだけで物語に命を吹き込むことができるというものです。演劇の専門家のなかには、物語のドラマ化がもつ限界を批判する者もいました。つまり、物語のドラマ化のなかでは演技の目標がはっきりせず、生徒にとっては物語を実際に経験するというよりも、ただ真似ごとをするだけに終わってしまうというのです。また、物語のなかの出来事を正しい順番に並べようとする気持ちが強くなり、物語全体がもつ大きな意味がぼやけてしまうというのです。さらに、即興の演技は、物語に描かれた正しい「事実」を再現したとしても、結局は取るに足りないシーンの繰り返しになってしまうというのです。

たしかに、このような批判はドラマに携わる教師にとっては大切なものです。しかし、それらは物語をドラマに用いることによって生じる問題ではありません。むしろ、物語がドラマとの関係においてどんな価値を有しているのかを理解していないことによって生じている問題だと言えるでしょう。

子どもは、物語を理解しようとするとき、自分の経験を物語のなかにあてはめてみます。ですから教師は、子どもがその物語と、物語に対する自分の気持ちとの間を行き来できるように手を貸さなければならないのです。子どもが物語のなかで味わった体験を、実際の生活という文脈に置き換えて理解できるようにしてあげなければなりません。そうすることで、ドラマと子どもの主観的世界とが織りあわさっていくのです。つまり、子どもはドラマを体験し、その世界を生きてみることを通じて物語の意味を理解するようになるのです。

語りとドラマによって子どもの思考や感情に形が与えられることがわかると、私は次のような問いを立ててみました。

- 語りとドラマのどちらか一方を使って他方を育くむことはできないのでしょうか？
- 語りとドラマは、コインの表裏のような関係にあるのでしょうか？
- 同時に両方の方法を授業に取り入れると、どちらか一方がないがしろにされてしまうのでしょうか？
- ドラマを使って物語の読解力を高めることはできないでしょうか？
- 物語を使ってドラマ活動を活気づけられないでしょうか？
- 子どもにとって、ドラマと読むことの両方を同じような緊張感をもって学ぶことは可能なのでしょうか？
- どうすれば、教師は物語を生きたものとして子どもに手渡すことができるのでしょうか？

　物語を読んだり聞いたりしているとき、子どもは心のなかで自分だけのイメージをつくりだしていきます。ところが、ドラマではグループでイメージをつくりだしていきます。では、子どもたちはどのようにしてグループでイメージをつくっていくのでしょうか？　物語のなかに入り込んで即興でつくるのでしょうか？　物語のうえに乗っかるようにしてつくるのでしょうか？　それとも、物語を展開するようにして新しい内容をつくりあげていくのでしょうか？　類似点やパターンを見つけてイメージをつくるのでしょうか？　いろいろと出てくるイメージをどのように並べて位置づけるのでしょうか？　少し筋書きをつくっては温めておき、あとで思いだしたりするのでしょうか？

　私は、まったく何もないところからドラマの計画を立てるのではなく、自分のよく知っている物語を題材にして始めます。よく知っている物語のなかにドラマに使えるものが潜んでいないかを探します。物語のなかにある素材をうまく生かしてゆけば、子どものドラマ活動を豊かなものにできます。物語のなかにある素材とは、物語の場面、登場人物、提示されている問題、人間関係、ムード、雰囲気、手ざわりや感触、そしてとくに根底に流れている考えのことです。

　物語もドラマも、どちらも人間に対する深い関心を表しています。それらは、人々の価値観、信念、そして人生経験を表現するものなのです。

ギャヴィン・ボルトンが言うように、教師はドラマの計画を立てるにあたって、物語をもっとも広いテーマ設定の下でとらえなくてはなりません。投げかける質問は、すべて子どもが普遍的なテーマや考えを探求できるように、子どもの思考を刺激するものでなくてはなりません。ドラマの出発点は、子どもの日常体験に関連しているもので、同時に物語の真意にもかなうものを選ばなくてはなりません。

　物語の筋書きにそって物語を忠実に演じることは、ときには価値があるかもしれません。しかし、それにとらわれなくてもいいのです。実際、そのようなやり方をしても、どこかの場面が記憶に残る程度か、大筋を覚えている程度でしょう。

　ストーリードラマは、物語をすべて演じなければならないとか、台詞を全部覚えなければならないといったプレッシャーから教師や子どもを解放します。子どもが知っていることをドラマにもち込むので、子どもの想像力が大いに働きます。そうすると、必然的に子どもはその物語へ近づいていくのです。ストーリードラマでは、この点がもっとも大切なことです。このような意味において、ドラマを用いると物語をより深く探究することができます。アナロジー（類推の働き）を通じて物語に関する内なる理解を開くのです。

　私たちの脳には、比喩的に考える力がそなわっています。あるイメージのパターンを使って、まったく異なるイメージの集まりをつくりだすことができます。一つの物語に出てきたイメージは、それらに関連しているが異なった意味をもつイメージづくりに役立てることができます。ストーリードラマは、授業のなかで無数のつながりをつくりだす扉を開くものなのです。

3章

紙袋の顔・顔・顔

ドラマを計画する

オリバー・ハイドがデトロイトにやって来た

　『断たれることのない環（わ）』というアルバムを何度も聴きました。音楽のことはよくわかりませんが、あれは素晴らしいアルバムです。とくに、バイオリンの演奏がすごい。それから、あの古いアイルランドの曲。バイオリンを弾きながら絞首台へ向かう男の歌です。絞首台に上がる前に、男は膝（ひざ）でバイオリンをたたき割ります。そして、「ほかの誰も、おまえを弾かぬよう」と彼は言いました。きっと彼は、信用のおけない愛人を殺したのだと思います。

リチャード・ケネディ

　あるとき、デトロイトの郊外で60人の小学校教師を教えていました。ドラマを扱う国語教育のコースで、教師たちは修士課程の科目としてそのコースを履修していました。教師たちにとってこの種の内容は新鮮だったようで、最初は少しとまどいながら役を演じていました。これは2週間のコースでしたが、教師たちが互いに協力しあいながら役づくりができるようにと、私はいろんなゲームやアクティヴィティを取り入れました。そうやって、教師たちは少しずつ即興の感覚を身につけていきました。役というのは自分自身とドラマの場面とを土台にして演じるものですが、彼らはそういうことも少しずつわかっていきました。

　しかし私は、この教師たちをもっと深くストーリードラマの世界へ導いていきたかったのです。そして、もっと複雑な役柄を深く体験してもらいたいと思っていました。そこで、リチャード・ケネディの『オリバー・ハイドのふきんコンサート（Oliver Hyde's Dishcloth Concert）』という作品を使うことにしました。それは、田舎に住む、風変わりなバイオリン弾きの悲しい物語です。バイオリン弾きのオリバー・ハイドは、人前に出るときに布で顔を覆うのでした。それは、妻の亡きあと喪に服しているという理由からです。しかし、やがてオリバーが顔の覆いを取る日がやって来ます。友人の娘の結婚式でバイオリンを演奏するようにと頼まれたのです。

ところで、この2週間の間、たいへん影が薄く、いるのかいないのかがわからないような参加者が1人いました。退職を1年後にひかえた先生でした。彼女はまったく目立ちませんでしたが、私のことを注意深く、ずっと観察していました。私のやり方をずっと見ていたことは、あとになって知ることになります。

　教師たちに3人ずつのグループになって、あるシーンを演じてもらうことにしました。1人がオリバー・ハイド役を演じ、残りの2人が町会議員役を演じます。町会議員は、高速道路建設のためオリバーの小さな農場をとりあげようとやって来ました。2人の議員役の目標は、オリバー役の人が頭にかぶっている紙袋を取るように説得することとしました。教室のあちらこちらで説得がすすみ、1人また1人とオリバー役は紙袋をぬいでいきます。自分のグループが終わった人たちは、まだ演技がつづいているグループのところに集まってきました。

　最後に、袋をかぶったオリバーが1人だけ残されました。みんなが最後のグループの周りに集まって、静かに見守ります。町会議員役の2人は、オリバーに袋を取るように説得しています。オリバー役は何も言いません。ただ、静かに座っています。議員役の2人は、隠された顔を見ようと必死です。観察している人たちも、オリバー・ハイドに質問をし始めます。それでも説得できません。そこで、私がドラマのなかに入ることにしました。そして、最後のオリバーに向かって次のように語りかけました。

　「オリバー、私たち町会議員がここに来る意味なんて、実は何もないんだよ。君の人生を決める権利は、すべて君にあるんだ。もし、私に君の人生を決める権限が

『オリバー・ハイドのふきんコンサート』

　ある男は、妻を亡くした悲しみのあまり、紙袋をかぶって頭をすっぽりと隠しています。男はすぐれたバイオリン弾きだったので、彼の友人が自分の娘の結婚式でバイオリンを弾いてくれるように頼みます。男は紙袋をかぶったまま弾くという条件で、友人の依頼を引き受けました。しかし、その結婚式で昔から伝わる素晴らしい曲を奏でながら、男は人々の幸せに深く心を動かされます。人々は男に紙袋をとるように説得し、ついに男も紙袋をぬいで祝宴に参加したのです。

あったら、ここには来ていないよ。

　でもね、高速道路は造られることに決まっているんだ。私たちが、今日ここでどうあがこうともね。ただ私は、どうすれば君の気持ちが少しでも楽になるだろうかと考えていたんだ。私にできることが何かあるかい。教えてくれないか」

　オリバーは、ゆっくりと紙袋を持ちあげました。彼女は静かに泣いていました。誰も何も言いませんでした。しばらくして、彼女は穏やかに微笑み、「だいじょうぶよ」と言いました。みんなはホッとして、輪になって座りました。

　このあと数年間にわたって、彼女から手紙をいただきました。手紙は、回を追うごとに心を開いた内容になっていきました。文字を使って、私たちは時空を超えた対話をしたのです。紙袋をかぶることと脱ぐこと、彼女はその両方の力を私に教えてくれたのです。私が出会ったとき、彼女は退職の1年前でした。ちょうど、新しい人生が始まるときです。遅すぎるということは決してないのです。このドラマを彼女のために特別に用意したわけではありませんが、これほどまでに特別なものになったのです。

▶ 紙袋の思い出

　シカゴのサマースクールでのことです。参加した子どもたちは、7年生と8年生で、ミュージカルを勉強していました。このレッスンでは、30人の教師たちと事前の準備をしました。まず、教師たちが一つの物語を一緒にやってみるのがいいと感じました。そこで、教師たちのグループにドック・マッコーネル作の『ヘビにかまれた鍬の柄（The Snake-Bit Hoe Handle）』というホラ話を語る練習をしてもらいました。それから、この物語を子どもに話して聞かせるときの場面設定を考えてもらいました。たとえば、キルトづくり、トウモロコシの皮むき、トウモロコシ洗いなどの場面を使って子どもをドラマに引き込むようにするのです。

　次の日の朝には、『オリバー・ハイドのふきんコンサート』に出てくる歌を題材

> ## 『ヘビにかまれた鍬の柄』
>
> 　ユーモアたっぷりのほら吹きの物語です。あるとき農夫が鍬をふるって雑草を取り除いていたところ、突然、ガラガラヘビが鍬の柄にかみつきます。農夫は鍬を放り投げて、納屋のうしろに逃げ隠れました。1週間後、農夫はヘビにかまれた鍬の柄が何百倍にも膨れあがっているのに気がつきます。ヘビの毒にやられたのです。農夫は大きく膨れあがった柄から板切れを何枚も切りだし、それを使って新しいニワトリ小屋を建てました。しかし、その1週間後、ヘビの毒が消えていくにつれてニワトリ小屋は縮み始め、ついにはクツ箱くらいの大きさになってしまいました。そして、ニワトリはみんな逃げてしまいましたとさ！

として使うために、教師たちに教えました。

　　オリバー・ハイド、頑固なじいさん
　　缶カンに頭つっこみ
　　誰か来たら顔をかくす。
　　やつは裏返し。そのまた裏返し。

　このグループには、すぐれた音楽家でもある教師がいました。この教師はレッスンの当日、一日中いろんな楽器を弾いてくれました。ダビデ王が弾いたとされるキンノール[★1]という楽器も弾いてくれたのです。
　ドラマは、まず彼が奏でる曲を聴くことから始まりました。キンノールの奏でる音を、心のなかのイメージとつなげていくのです。興味深いことに、子どもたちはアーサー王の伝説や聖書、また自分たちの得意とする「牧場と森の歌」から様々なアイディアを魔法のように引き出し、この導入部分は順調にすすんでいきました。
　次に、子どもたちを4、5人ずつのグループに分けました。そして、教師たちが前日に練習した物語を語り聞かせました。このとき、物語のなかの役を演じながら

★1　キンノールとは古代の竪琴の一種。旧約聖書サムエル記のなかでは、イスラエルの王サウルにとりつく悪霊を、サウルに仕えていたダビデの奏でる竪琴の音が祓ったと言われている。

話すようにと教師たちにお願いしました。また、オザーク村の絵も描きました。最終的に、このオザーク村の絵がドラマをつつみ込むことになります。演技やパントマイムをしながら、教師たちは子どもが山の家族のメンバーになるようにと誘いました。

　それから大きな輪になって、みんなで練習した「オリバー・ハイドの歌」を歌いました。音楽家の教師が伴奏し、別の教師が洗濯板で演奏に加わりました。即興のフォークダンスをする先生もいました。教師も子どもたちも、みんなが参加しました。

　次は、5人ずつのグループになって教師と子どもたちでタブロー[★2]をつくります。それぞれのグループがタブローを二つずつつくりました。それらはオザーク村の写真ということで、村のアルバムづくりをしたのです。もちろん、オリバー・ハイドも写真に入っています。どのグループも、真面目な写真を1枚と、アルバムからはずされる失敗作を1枚つくりました。

　グループごとに、ほかのグループがタブローで表現している村の写真を見て回ります。ほかのグループの写真を見ながら、その写真に写されている場面を想像し、意見を述べあうのです。そして、すべての写真を見終わった段階で、それぞれの写真からオリバー・ハイドを抜き取ります。それぞれのタブローからオリバー役の子どもを抜きだすのです。そのあと、私はナレーター役になって次のように話しました。

　「この人はオリバー・ハイドです。オリバーはもう何年もの間、町の人たちと交流がないのです。いま、彼は頭から紙袋をスッポリかぶって、家に閉じこもってじっと座っています。誰もその訳を知りません」

　オリバー・ハイドを演じる子どもたちに紙袋がわたされます。オリバーたちは紙袋をかぶって、少し離れたところに座りました。

　それぞれのグループは、何故オリバーが紙袋をかぶって隠れつづけているのかを考えることになりました。そのあと、みんなが一緒になってオリバーに関する物語やうわさ話を出しあいました。ドラマを深めるために、私は役を演じながら言いました。

「オリバーには、ぼくの結婚式に来てもらいたいんだ。彼は、ぼくの命を救ってくれたことがある。命の恩人だ。今夜1時間だけ、オリバーがみんなの家を訪れるから、ぼくの結婚式に来るようにオリバーを説得してくれないか。結婚式では紙袋をとって、バイオリンを弾いてもらいたいんだ」

　それぞれのグループは、オリバー役の子どもをどう説得しようかと作戦を練りましたが、これには30分もかかりました。
　オリバーは、それぞれ自分のグループと会うことになりました。彼らは頭に紙袋をかぶっているので、うなずいたり、頭をふったりすることしかできません。30分間に及ぶ集中した話しあいがもたれにもかかわらず、どのオリバーもまだ袋をかぶったままです。そこで花婿役の私は、順番にグループを回って、それぞれのオリバーにとにかく結婚式に来るように頼むことにしました。式では、花嫁がオリバーにあわせて紙袋をかぶるとも約束しました。
　そうして、私はすべてのオリバー役の子どもに向かって、こう呼びかけたのです。
　「どうか、オリバー、袋を取ってくれ！」
　緊張感が高まります。私たちは一人ひとりの反応を待ちました。オリバーが一人また一人と、自分で心を決めていく瞬間です。このときは、すべての生徒たちが紙袋を取ってくれました。お祝いに、結婚式の場面ではライブ音楽に合わせてみんなで踊りました。劇の始まりに歌った歌ももう一度歌いました。ある先生はクロッグダンス（木靴をはいて踊るタップダンス）を披露してくれ、みんな音楽に合わせて手拍子を打って楽しみました。花嫁役の子どもと花婿役の私がみんなの輪のなかで踊って、このドラマは幕を閉じました。
　実は、このドラマレッスンがミュージカルの様式に従わねばならないと、私はレッスンが始まる前日に知らされていました。生徒たちがミュージカルを学ぶためにサマースクールに来ていたからです。しかし、私は教師として、生徒たちが自分のつくる物語を中心にしてドラマを体験してほしいと思いました。ミュージカルの芸術的なテクニックは、ドラマをより力強いものにするために使えばよいのです。

★2　タブローとは数人が共同で静止したポーズをとることで、一つの場面を立体写真的に表現したもの。

レッスンの始めに教師たちが生き生きと『ヘビにかまれた鍬の柄』を語り聞かせたときのことを思い出すと、いまでも、教師たちが吹き込んだ新鮮なエネルギーに感動を覚えます。どのグループも、その物語からユニークな状況をつくりだし、それが結びあわされて全体のドラマが描かれていきました。音楽家の先生も素晴らしかった。そのときどきのニーズにあわせて、即興で音を合わせてくれました。それはドラマを引き立たせ、ドラマにリズムをつけてくれました。また、マスクとして使った紙袋はドラマの強力なシンボルとなりました。こういった瞬間は、実は稀にしか起こりません。ある教師が、このときのことを次のように述べています。

　　デイヴィッドは、グループのなかでオリバー役になる生徒を選ぶとき、かなり時間をかけました。タブローづくりの間に、子どもたちをよく観察していたのでしょう。
　　そして、オリバーが写真から引き抜かれたとき、私はハッと気づきました。引き抜かれた生徒は実際にオリバーだったのです。つまり、アウトサイダーだったのです。さらに驚いたことに、彼が抜けることで写真のなかにぽっかりと穴があいたのです。まるで、誰かが写真から彼を切り取ったかのようでした。
　　まちがいなく、これは私の一番お気に入りのレッスンです。豪華な音楽に合わせて、みんなが踊った最後の瞬間は物語の終わりを祝うものでしたが、それ以上に私たちの創造のプロセスを祝福しているかのように感じられました。私が光栄にも一緒にドラマをした二人の子どもは、深くドラマに入り込み、物語に深く共感していました。ドラマの魂を感じていたのです。
　　年少の女の子ルシアは、妻が死んでオリバーは「恥ずかしい」のだと考えました。ルシアは、グループのなかに教師がたくさんいたにもかかわらず、この考えを堂々と述べ、物語の魂へと私たちを引き込んでくれたのです。きっと、彼女は本当にオリバーの気持ちになって共感していたのでしょう。
　　私は、ドラマそのものに集中すべきだということがやっとわかりました。子どもが参加しないのではないかと心配したり、場面を深めることでドラマをつぶしてしまわないかと恐れたりする必要はないのです。ドラマを信じれば、子どもは自分たちの出せるだけのものを出してくれます。教師も、自分の出せる

ものを出せばいいのです。その結果は、とても素晴らしいものになることでしょう。

▶ ドラマの活動を計画する

　ストーリードラマはものの5分もあればできますが、長い場合には一か月ほどかかることもあります。かかる時間は、教師がドラマをどれだけ理解しているかによってちがってきます。そして、ドラマとほかのカリキュラムの目標をどれだけ関係づけて見ているか、また、ドラマのなかでどこまでやってみようと思っているかによってもちがってきます。

　ドラマは、時間割にある一科目として教えられることがあります。また、様々な教科に役立つ学習方法として用いられることもあります。国語、社会、体育、音楽、美術などの教科でドラマは有効に使えます。どんな分野であれ、ロールプレイングを用いると、子どもはその学習内容を身体的・情緒的な面からも体験します。つまり、学習内容の深い理解が得られるのです。また、ドラマを通じて、グループの成り立ちや動きについて理解を深めることができ、対人関係のスキルを磨くこともできます。美術や音楽とドラマを組み合わせると、物事を感じとる力や思考力を高めるのに大きな効果があります。そして、いろんな面で体育はドラマを強化し、またドラマによって体育が豊かになります。

　ドラマがユニークなのは具体的な文脈を扱うという点です。ドラマには、ある特定の時間、ある特定の場所で、ある特定の人間関係にある特定の人々が登場します。ですから、適切な場面や文脈を選び、目の前にいる子どもたちの環境にそれをうまく関係づけることが大切なのです。そうすれば、自分たちの日常生活とは時間的にも空間的にも遠くかけ離れたものであっても、子どもたちはドラマのなかで本物の体験をします。また、教師は、子どもの特質、経験、要求、能力や興味などを考慮しなくてはなりません。そして、様々なドラマの技法のなかから適切なものを選ばなくてはなりません。いろいろな手法を使いながら、共同でドラマをつくりあげて

ゆくのです。

　ドラマの第一の目的は、子どもが自らの体験のなかから新しい意味を引きだすのをサポートすることです。そして、子どもが見いだした意味を、うまくほかの相手に伝えるのを手助けするのです。このような意味で、ドラマは一つの教科ともなりますが、学校のカリキュラム全体にとって固有な価値をもつ教育方法なのです。

4章

王様と私

ストーリードラマの実践例

25年間、物語のなか

　もう25年前になりますが、図書館司書の友人から『王様の噴水（The King's Fountain）』という絵本をもらいました。それ以来ずっと、私はその本の虜になっています。ドラマの材料として大きな可能性を秘めているので、それは私を惹きつけて放すことがありません。シンプルな物語ですが、内容が凝縮されています。ドラマレッスンの導入として使おうと読み返すたびに、まだそれをまったく使いこなせていないような気持ちになります。

　『王様の噴水』はロイド・アレクサンダーの作で、エズラ・ジャック・キーツが絵を描いています。それは、砂漠の民と王様のおとぎ話です。話のなかには、子どもが想像で埋めることのできる魔法の空間がふんだんに用意されています。まるで古くなって擦りきれたタペストリー〔織物の一種〕のように、私たちはその完全な姿を探し求めて必死に目を凝らします。物語のあらすじはこんな具合です。

　ある日、王様は「王国の威厳と自分の名声のために」噴水を造ろうと考えました。そのためには、宮殿の丘のふもとにある村の水をすべて吸いあげることになります。もし、噴水が完成すれば、村人は生活水がなくなって絶望の縁に立たされます。

　ある老人が、王様のところへ嘆願をしに行くように村人たちを説得します。しかし、誰も行きたがりません。そこに老人の娘が現れて、老人自らが宮殿に行くべきだと言います。キーツは、老人と王様との間に深い亀裂の入ったゴツゴツした地面を描いています。結局、老人と王様は話しあいをして、王様は噴水を造らないことなりました。

　多くの昔話がそうであるように、この現代版の物語も、読者が自分の生活体験や解釈をもち込んでくるように誘います。そして、これをドラマで演じると物語は参加者全体の体験となり、この物語に対するグループ全体の答えとして1枚のタペストリーが織りあがっていくのです。同じ物語から始めても、同じように仕上がるタペストリーは一つもありません。それぞれのグループの作品は、互いにつながって

いるようでいて実にユニークです。

　何年たっても、私はこの物語への興味を失うことがありません。そのときのグループがもつ背景によって、どの即興ドラマも異なる道をたどるからです。ストーリーテラー役になって私が話し始めると、まもなくグループのメンバーが自分たちの物語を語り始めます。クラスにいる誰もが物語をつくる作業に必要です。絵本の行間に潜む意味をつかんだり、言葉を掘りさげたり、テキストから感じとられる意味あいを話しあったりして、そのグループの物語ができあがっていきます。最終的に『王様の噴水』と似ても似つかないものになることもありますが、子どもたちが『王様の噴水』を理解する過程で生じたものはすべて、そのタペストリーなかに織り込まれていきます。

　『王様の噴水』は、ドラマ教育におけるもっとも重要な材料の一つです。どの年齢の子どもを対象にするにしても、この本から数多くのレッスンを引きだすことができます。物語を読み、イラストを見ていると、いろいろな感情がわき起こってきます。それらの感情に形を与え、声に出してみるのです。

　それでは、私が個々のグループとどんな道をたどったのかを見てみましょう。ドラマ教師の苦心のしどころとは次のようなことです。子どもの声に耳を傾け、子どもの様子をしっかりと観察し、ドラマにおける旅の方向性を暗示するような場面を用意していきます。そして、いつ介入すべきか、いつ討論をもりあげる技術を使うべきかを考え、子どもを演技に呼び込み、立ち止まらせ、ふりかえらせ、考えさせながらすすめていきます。しかも、そこから学ぶべきものや、レッスンの内容や成果については、事前に決めておかないように注意しなければなりません。

　子どもに粘土を与えると、子どもはそれを形にしていくでしょう。それと同じで、ドラマでは子どもたちと一緒に彫刻をしていくのです。共同作業ですから、一人ひとりの動きがみんなに影響を及ぼします。個人はグループから力をもらい、グループは一人ひとりを豊かにして可能性を広げていきます。

　ドラマを教えるとき、私は一対一でかかわる時間をあまりとりません。グループの力を感じとれるので、その力を解放することによって子どもたちが一緒にドラマをつくっていけるようにしたいのです。そうすれば、観客がいなくても劇場の興奮した雰囲気を醸しだすことができます。即興のやり取りは、物語を手にとるように

感じとらせてくれます。ドラマが完結したとき、子どもたちは「いま、終わった」と直感します。そして、ドラマを一緒につくることの素晴らしさと力強さを感じるのです。

　子どもたちは、物語を聞いたときにどんなことを言うでしょうか？　何をドラマのスタート地点として選ぶでしょうか？　自分の生活や態度について何を見せてくれるでしょうか？　誰がリードし、誰がそのリーダーを支えるでしょうか？　教師は、子どもたちの感受性を深め、矛盾点を明確にし、考え方を変化させ、学びのための枠組みをつくるために、いったいどんなことをすればよいのでしょうか？

　『王様の噴水』は短い本ですが、実に様々な疑問がわいてきます。短い語りのなかに、たくさんの概念が凝縮されているのです。子どもたちは、この物語に描かれた元型的な状況の複雑さを理解しようと多くの質問を投げかけます。子どもたちが投げかける疑問やコメントの一つ一つが、レッスンを組み立てる手がかりを与えてくれます。子どもたちの問いと私自身の関心事が重なり、レッスンが生まれていきます。

　レッスンでは、子どものエネルギーを解放し、考えを引き出すためにゲームをすることがあります。また、ある重要な場面を強調するためにタブローをつくることもあります。教えるということのすべてに当てはまりますが、「じっくり観察する」、「待つ」、「提案する」、そして「つながりをつくる」ことによって子どもの学びは育っていきます。たった20分ではドラマレッスンの真価は見えてこないでしょう。1時間、1日、1年という単位の時間が必要です。絵本の内容から始めるとしても、レッスンはそれ自体の力で展開していきます。そして、それに必要な時間をかけてできあがっていきます。

　以下に挙げるのは、私が『王様の噴水』を読み聞かせたときに子どもや教師から出された疑問点のほんの一部です。みなさんの生徒は、また別の疑問を出してくるでしょう。このリストは無限に広がっていくものです。

- この物語はどこで起こったの？
- 王様には妻やお妃がいたの？
- 何故、物語のなかに大人の女の人が出てこないの？
- 王様の名前は何というの？　老人の名前は？　女の子の名前は？

- 何故、王様は噴水を造ろうとしたの？
- 何故、その村には大切な命を守る水源がたった一つしかなかったの？
- 王様が噴水を造ろうとした本当の目的は何なの？
- 王様は、何か別の方法で自分の名声を示すことはできないの？
- 王様はどんな人？　情け深い人？　独裁者？　金持ち？
- 人々は王様のことをどう思っているの？
- 王様の助言者たちは、いったいどこにいたの？
- この村の人口はどれくらいなの？
- 王様の兵士は何人いるの？
- 権力の虜(とりこ)になることを、視覚的にどうやって表現できるの？
- 何故、賢者たちは王様に会いにいくことを恐れたの？
- 王様の何が恐ろしくて誰も近づかなかったの？
- 過去にも噴水を造るような出来事があったの？
- 王様は自己中心的？　それとも無知なだけ？
- 過去にどんなことがあって、王様は村の水を取りあげてもいいと思ったの？
- 村人たちは、どうやって生計を立てていたの？
- 何故、老人は王様のところへ行くことにしたの？（村の助言者や代表者の集まりはないの？）
- 何故、水がなかったの？
- 老人が捕らえられたとき、何故、王様の前に立つことを許されたの？
- 老人は王様に何と言ったの？　老人は王様を説得するためにどんな作戦をとったの？
- 小さな女の子は何をしたの？　老人に何と言ったの？　物語のなかで彼女の役割は何だったの？
- その女の子の言葉が王様の気持ちを変えたの？
- 女の子は、父親に何と言って王様と話す気にさせたの？

ドラマで問題解決

　私が行う即興のドラマでは、問題解決を土台に置いています。葛藤を含んだ問題状況を子どもに提示し、それにどうこたえるかを尋ね、動きや言葉でそれを表現するようにもっていくのです。まず、子どもたちは、その場面で何が起こっているのかを見極めようとしますが、それが葛藤解決の糸口となります。役を演じる子どもたちがドラマの場面に没頭しているとき、問題をどうやって解決するのかがはっきりしてきます。とても意味深い解決方法が生まれてくるのは、子どもたちが役を演じながら協力して計画し、決断をして問題解決に取り組むときです。

　では、元気のいい小学１年生とのレッスンで『王様の噴水』を使ったときのことを話しましょう。このレッスンでは、生活には水がなくてはならないということを探りました。子どもたちが村人役になりましたが、子どもたちは実生活でも無力な自分たちの立場から推し量ってアイディアを出しました。噴水を造ることを思いとどまらせるために、王様に貢ぎ物をしようというのです。子どもたちは小グループに分かれ、王様に何を献呈すればいいのかという点についてブレーンストーミングをしました。

　それぞれのグループには、教育実習生が記録係としてついていました。小グループを家族と見立て、それぞれの家族が王様に貢ぎ物をわたす場面をリハーサルする段階でドラマが始まりました。ドラマに緊張感を与え、場面を盛りあげるために私は次のような問いかけをしました。

- みんなで王様の前まで行って会うの、それとも使者が選ばれるの？
- 反抗的な態度をとるの、それとも敬愛の念を示すの？
- どうやって玉座にまで近づくの？
- もし、すべての家族が同じような貢ぎ物をもってきたらどうする？
- ほかのグループの様子を見て、自分たちの作戦を見なおすの？
- 暴君の前で、どうやってお互いを支えあえばいいの？
- 何か特別な衣装や道具は必要なの？

子どもたちは大騒ぎで練習をして、王様と会う準備をしました。幸いにも、私は役を演じてドラマのなかに入り込んでいたのでドラマに集中できました。自分も役を演じながら子どもの言葉遣いを洗練させ、演技があいまいなときは緊張感を与えていきました。しかし、ドラマの成り行きを事前に設定することはしませんでした。私は、王様役をしました。このクラスに属さない部外者だからこそ、その役を演じることができたのです。私が王様になることで、子どもは自分たちの仲間関係を心理的な安全ネットとして使うことができました。私がいつも念頭に置いているのは、驚きと緊張感を通して、子どもたちから思慮深い言動を引きだしていくということです。

　私は教卓の上に椅子を置いて座り、視覚的に王様の力を高める工夫をしました。さらに、教室の机の位置を少し変えて、支配者と僕（しもべ）という関係を空間的につくりだしました。そうすると、説明をする必要はほとんどなくなったのです。私の座っている位置が会話の流れを決めました。王様へ貢ぎ物を捧げるシーンをより劇的にするために、子どもと教師たちが二列に並んで玉座へ通じる通路をつくりました。グループは順番にその通路のなかをすすんで、王様に貢ぎ物を捧げていきます。ルビーとダイヤモンドで飾られたマント、金と銀の玉座、エメラルドの王冠、貨幣の詰まった袋……子どもたちは、身ぶり手ぶりで貢ぎ物を表現しています。しかし、貢ぎ物は王様によって一つ、また一つと却下されていくではありませんか。

　「そんなものは、みんな持っておる。わしがほしいのは噴水なのじゃ」

　子どもたちは、グループに戻ってさらに話しあいました。王様の態度を変えるために、もっといい貢ぎ物がないかと苦戦していました。討論の末、もう一度、王様に貢ぎ物を捧げに行くことになりました。今度は、一人の村人の腕に赤ん坊が抱かれています。

王様　おまえは何を持ってきたのじゃ。
村人　私の子どもでございます、陛下。
王様　私には、自分の子どもがおるぞ。
村人　この子の額（ひたい）には星がありまして、未来を予言することができるのでございます。
王様　ふむ。どれ、こっちに来てみい。

ここで、ドラマは一段と深まります。子どもたちは王様が何でも持っていることを知り、時間をとって考えを練りなおしたからです。自分たちのしたことをふりかえり、もう一度やり直す機会をもったのです。
　最後のグループ演技では、気の強そうな女の子が勇ましく通路を進んできて叫びました。

子ども　王様、どうか噴水なんか造らないでください。
ブース　どうして、だめなのじゃ？
子ども　神様がそうおっしゃっているからです。

　すると、部屋のうしろから目を閉じた少年が手を前へ伸ばしてやって来ます。

ブース　何をお望みかな。目の不自由なお方。
子ども　王様へのメッセージを持ってまいりました。
　　　　（彼は、ヘアバンドで留めた小さな巻物を私にわたします）
ブース　おまえは、読むことも書くこともできないではないか。
子ども　夢に見たのです。
　　　　（私は、その紙を開いて読みました）
　そこには「王よ、善き王様になりなさい」と、書いてありました。

　もちろん、噴水は造られませんでした。子どもたちは歓声をあげましたが、その歓声は二つの役割を成し遂げた喜びを表していました。一つは、小学1年生が複雑な問題を解決できたという誇りです。もう一つは、不公平な王様の無謀な命令を阻止できたという村人たちの喜びです。小学1年生としての自分たちと、村人としての自分たち、この二つの役割が交差するところにドラマが生まれたのです。ドラマは、自己と他者が交わるところに存在するのです。あのクラスが歓声をあげて讃えたのは、子どもたちの勝利とドラマの力でした。こうして『王様の噴水』は、書き直され、語り直され、体験し直されて、私の記憶に残っていきました。

王様への手紙

　これから紹介する一人の教師は美術を教えていました。彼女は私のドラマ・クラスにやって来ましたが、柔軟な考え方をもっていて、美術とドラマという二つのアートを統合したいと望んでいました。しかし、結果的には、作文をつくるという方向に移っていきました。

　教師が初めて役を演じようとするとき、大きなショックを受けることがあります。そんなとき、教師たちは自己イメージを守ろうとしてドラマを過小評価します。また、ドラマは面白ければいいのだと考えたりもします。このデトロイトの教師たちも例外ではありませんでした。私は、参加する教師たちのエネルギーを融合させて一人ひとりの体験を一つにまとめていく必要を感じました。最初、経験豊かで人間としても成熟しているはずの教師たちが役を演じているときの様子を見て驚きました。ドラマという不慣れなアートに対する不安感、不必要な声の大きさ、暴力的に対立しようとする態度、ヒステリックな爆笑が見られました。これらは、参加者のドラマ経験が浅い場合によく見られる光景です。

　こんなこともありました。ある教師とロールプレイングをしていたとき、彼はそれを「本当の暴力」のように感じて演じました。その教師によって、私は地面に叩きつけられたのです。また、役を演じているという認識がない教師に「メガネのチビ」と侮辱されたこともあります。しかし、いったんドラマの手法を理解すると、教師たちは素晴らしい能力を発揮していきます。

　私は、いろいろな種類の役割ゲームを用意しています。ペアで、あるいは小グループで相手の話を傾聴するゲームがあります。これは、自分から積極的に演じるというよりも相手に反応すればよいゲームです。そういうゲームをしていくと、参加者たちは、やがてほかのメンバーと打ち解けあい、安心して役柄を創造してゆけるようになります。なかには、ほんの1週間で即興のロールプレイングができるようになり、ドラマの力を信じられるようになって、まぎれもないドラマ教師にまで成長した教師もいます。

このデトロイトのグループでも『王様の噴水』を使いました。あの美術の教師が、のちに自分の学校でこの絵本をテキストに選んだことを知っても私は驚きませんでした。いまも忘れられないのは、彼女のクラスが生みだした結果です。彼女はその発見を同僚たちに伝えていました。

『王様の噴水』に取り組んだ彼女の4年生のクラスは、部族の長老役を立てて王様に手紙を書くことにしました。彼女は材料を提供する役で、子どもたちを支えていました。子どもたちの手紙は、実に見事なものでした。彼女によると、そのクラスでは長老の不安が物語の出発点となりました。長老は、自分たちの言葉が王様の言葉と同等のレベルにはないことに不安を感じていました。そこで村人たちは、高貴で正式な言葉を使おうと努力したのです。

できあがった手紙は、美術教師である彼女の力量を示すものでした。子どもたちは羊皮紙にカリグラフィーの文字で清書し、最初の文字にはきれいな色の装飾が施されていました。王様に宛てて、適切な言葉遣いや構文を用いて手紙を書こうと奮闘したあとが見受けられました。

> 親愛なる王様
> あなた様の町は、いまや崩壊しようとしています。どうか噴水を造ることをおやめ下さい。もし、あなた様がやめないと言われるのならば、何故やめていただかなければならないかを私どもから申しあげましょう。
> 村人の多くは年老いていて、家族に必要な水をくむために20マイルも歩くことができません。子どもたちは幼すぎ、水を求めて東へ向かう道を知りませんし、途中で野性動物に殺されかねません。さらに、商人たちが水を独占して、貧乏人に水の代金を支払わせようとするでしょう。

> 親愛なる王様
> あなた様の足もとにいる私たち村人は、あなた様が城の前に噴水を造ろうとされているとうかがいました。その噴水が、家畜や作物、そして私たちに必要な水を全部吸いあげてしまうということもお聞きしました。もし、城の前に噴水を造られたならば、あまりにも遠くて私たちは水を毎日くむことができずに

死でしまいます。そして、もし私たちがみんな死んでしまったならば、あなた様は誰をも支配できなくなるし、誰にも親切にできないのです。どうか噴水を造らないでください。

　後悔をされませんように。

敬　具
村人一同

　親愛なる王様

　水について不満を書かせてください。あなた様が噴水をお望みになることは、いいことだと思います。いま、私たちには水があります。しかし、すべての若者が噴水造りの仕事についたあとはどうでしょう。若者が水をくみに行くのは夜遅くになってしまいます。疲れ果てて、水をくみに行けないかもしれません。みんなの分ではなく、自分の分しかくんでこなくなるでしょう。私は、村まで流れてくる小川を掘るべきだと思います。

ティム

　私は、これらの手紙を読んで感銘を受けました。そして、この教師の素晴らしい力量にも感銘を受けました。彼女は自分が習ったばかりの物語を使って子どもの表現力を引きだし、権力者に立ち向かう美的な言語表現を発見させたのです。

　次に紹介する手紙は、私がもっとも気に入っているものです。上手（じょうず）に書かれた文章ではありませんが、厳しさと正直さ、そして力強さで訴えかけてきます。

　親愛なる王様

　あなたの噴水は馬鹿げています。村人を殺すだけです。あなたが水を取ったら、村は死にます。

　追伸　やめろ
　以上だ、王様。

デイヴィッド

その教師に、この子どものことを聞いてみました。「この子はドラマの内容をよく理解していますが、言葉の奏でるメロディが聞こえていません」と、彼女は答えました。この生徒には、もっと多くの物語に触れる機会と、自分の考えを表現し伝える練習が必要だと彼女は感じていました（私は、彼女が彼の下手な字を気にしているのではないかと心配でしたが……）。すぐれた教師は、ドラマの素人であってもすぐにその教え方や学び方を理解し、ほとんど問題なくそれをクラスに導入していきます。

　私は、ドラマを通して子どもが自己理解を深めていくことを望んでやみません。そして、他者への理解や住んでいる地域の理解も深めてくれることを望んでいます。そのような理解は、グループのメンバーとのやり取りを通して即興的に世界を築いていくなかで深まっていきます。たしかに、ドラマでは想像上の庭園を造るように導くのですが、そのなかに出てくる問題や葛藤や人物に対する子どもの反応は本物でなければなりません。ドラマに真剣にかかわり、そのなかで本当の自分を見いだしていくこと、それがドラマを本物の学びにするうえで重要なポイントなります。教師の課題は、それをどのようにして子どもから引きだしていくのかということです。

▶ 役を演じる子どもがもつ力

生徒1　さあ、みんな聞いてくれ！　ここに王様が二人いるぞ。
王様役の教師　（新しい王に向かって）おまえは何をするつもりじゃ？
生徒2　私たちの水を取り戻すのです。
生徒1　みんな聞いたか！
王様役の教師　にせ者よ、前に出てきなさい。何故、こんなところまでわざわざやって来たのじゃ？
生徒2　村と動物たちの飲む水を取り戻すためだ。
生徒3　彼こそが本当の王様だ！　この方は、村のために水を取り戻しに来てくださった。

生徒1　この方を王様とするべきか。それとも、あの方が王様か？
生徒2　（王様役の教師に向かって）おまえ！　自分で水を見つけて、噴水を造りたまえ。村から出ていくのだ！
王様役の教師　彼は私に去るよう言った。では、私は立ち去ることにしよう。さあ、おまえたち、立ち上がって新しい王に敬礼をしなさい。あなたは、いい王様になるつもりですか？　村のために何をするつもりですか？
生徒2　村人に水を返すのです。
王様役の教師　（護衛に向かって）おまえたちは私と一緒に来るか？　それとも村に残るのか？
生徒1　私はあなた様と一緒に行きます。あなたが最高の王様です。
王様役の教師　新しい土地で何をしよう？
生徒1　新しい噴水を造り、新しい城を建てましょう。私は外で寝て、新しい噴水を守ります。噴水を二つ造って、一つが壊れたときに修理できるようにしましょう。

　これは、小学1年生の子どもたちから出てきた即興の台詞で、ドラマレッスンをしたときにビデオに収録されていたものです。このレッスンでは、私は王様の役を演じながら、子どものなかに国民として自分たちの運命を決める責任感が芽生えるように心がけました。ここに取りあげた部分では、即興的な会話が繰り広げられる場面をつくりだすことが私の役割であると考えました。そのなかで子どもたちは、このような指導者には支配されたくないと決断したのです。
　「生徒2」は新しい王の役を演じ、民衆の支持を得て私を退位させ、王国から追放しました。彼の言葉は、すべての面においてリーダーが発するものでした。リーダーの「ふり」をしていたのではありません。クラスのなかの力関係が変わって、彼が王様として話す場面ができあがったのです。彼の言葉は、力強さと解放感を象徴していました。それは、ドラマを通した学習が起こったときに見られるものです。

物語の安全ネットがないとき

　シカゴにある小学校の大きな講堂で、3・4年生の生徒が私と一緒に座っています。外では雨が降っていて、私たちはその雨のことを話していました。干ばつを避けるために、大地には水が必要だということを話していました。子どもたちは、雨が少ない国でも、必要な食物がとれるようにエコロジカルなバランスが保たれなければならない、と話しあっていました。

　この生徒たちには『王様の噴水』の物語を紹介しないことにしました。その代わり、「何故、世の指導者は干ばつを引き起こすようなことをするのだろうか？」と聞いてみました。子どもたちは中東に派遣されたアメリカ人レポーターになって、指導者の行為の背後にある意図を探っていきました。そのときのレッスンのことを、ある教師は次のように書いています。

　　授業の最初に行われた雨に関する討論は面白いものでした。けれども私は、子どもたちが集中しているのかどうか心配でした。ドラマ自体が子どもを集中させるということを、心の底からは信じていなかったのです。来年は、この点について自分をよく見つめてみたいと思います。

　　ほかの先生と一緒に役を演じられたのは素晴らしいことでした。互いに協力しあって、子どもたちには直接答えを教えないようにしながらドラマが展開していきました。

　　子どもたちのグループは、いまにも爆発しそうでした。生徒たちは、本当によく考えたと思います。雨と水と干ばつについて討論を行ったときも、みんな熱心で、いろいろな意見が出ました。デイヴィッドは「何故、人は干ばつを引き起こすようなことをするのか？」という強烈な問いかけをしましたが、それがきっかけとなって子どもたちはドラマの核心に引き込まれていきました。結果として、オイルタンク事故で引き起こされた公害問題から、映画『恋する40days[★1]』に至るまで、様々な反応が出てきました。それに子どもたちは、デイヴ

ィッドに挑戦することを恐れませんでした。彼がある意見を述べたとき、子どもたちはみんなで「それはちがう」と叫びました。

　私たち大人は、このレッスンの前日に、子どもたちには具体的な情報を一切与えず、謎かけのように話すようにと言われました。このやり方はよかったと思います。このレッスンは、子どもたちに物語を語り聞かせることなくストーリードラマを行う見事な実例でした。外で雨が降っていた事実を出発点とし、干ばつのために雨乞いの祈りをする人々がいるということを話しあいました。

　そのあと、子どもたちは「今日やるドラマのなかでは、ひどい干ばつが起こるんだ」と聞かされます。そして、デイヴィッドが子どもたちに役を言いわたしました。

　「きみは、よその国から来た人だ」（「アメリカ人だ！」と、愛国心の強い少年が叫びました）

　「あなたは国連から派遣されているレポーターで、東の国で何が起こっているのか、何故きびしい干ばつが起こっているのかを調べる人です」

子どもたちは二人ずつペアになって、小グループに分かれた村人役の教師たちにインタビューを行いました。この村人たちは、部外者に情報をもらすことを渋る閉鎖的な人たちという設定です。子どもたちには、「わかったことは、すべて私のもとに報告するように」と言っておきました。そして、その役柄を深めるべく、私はレポーターたちに自分の水筒から村人に水を分け与え、村人の信頼を勝ち得るようにと提案しました。このドラマにおける私の立場は、ドラマのなかに入ってはいるけれども特定の役柄は演じないサイドコーチ役です。以下は、村人役の教師のコメントです。

　　このグループワークはとても面白く、情報を得ようとする子どもたちの言葉遣いは興味深いものでした。調査者役の子どもたちは、ドラマをあっというまに深め、質の高いものにしていきました。同僚と私のグループには発達遅滞の

★1　映画『恋する40 days』は、失恋をきっかけに禁欲の誓いを立てた男性の40日間を描いたロマンチック・コメディ。

少年が入っており、そのことが幸運でもあったのです。

　彼はドラマに没頭し、とても誠実に村人を助けようと一生懸命でした。そのことが私たちのドラマを信じられないくらい深めたのです。質問をしたり情報を求めたりすることで、子どもたちは言葉の使い方を勉強しました。また、それはドラマの真実味を増すことにも効果がありました。

　子どもたちが村人から得た情報をデイヴィッドに報告しに行くと、今度は、何故干ばつが起こっているのかを、彼にいろいろと説明する必要に迫られました。そして、どうすればいいかも考え、インタビューをした村人の気持ちを思いやることもできたのです。

　インタビューをつづけたあと、子どもたちには講堂から出てもらいました。その間に、教師たちは講堂に噴水を造りました。そこへ子どもレポーターたちは戻ってきて、干ばつを引き起こしている不思議な原因を目にします。

　この日は、私の自信のなさがよく現れていたように思います。自分がドラマを深めていっているかどうか、常に批判的な眼で見ていました。私と一緒にいた子どももレポーター役に徹することがなかなかできませんでした。もしかしたら、彼女に役を演じさせるように、私ばかりが質問をしてしいたのかもしれません。質問をするのは彼女のはずなのに……。

　ドラマには緊張感と深まりが大切だということは知っています。しかし、自分をもっと信頼しないと子どもたちを信頼することはできないと痛感しました。私はいつも、「私のいまの言動は、ドラマの深まりを阻んでいないだろうか？」と疑っていました。ドラマの深まりを邪魔するのは自分の自信のなさなのだ、ということをよく覚えておきます。ドラマを信じれさえすればいいのです。

　次の場面では、村人たちが前もって準備していた謎の鷲（わし）の話をレポーターたちにしました。子どもたちは話しあって、その謎の鷲は、支配者が村人たちを見張るために飛ばしたヘリコプターだと解釈しました。ここでもう一度、子どもと私は講堂から外へ出ました。その間に、教師たちはみんなで協力して、回転する羽のついた

音を立てるヘリコプターの動きをつくったのです。講堂へ戻ってきて、そのヘリコプターが砂漠に降り立つのを見たとき、レポーター役の子どもたちは軍のリーダーが村人に嘘をついていたと確信しました。

　　ヘリコプターを２機つくったときはとても楽しかったです。自分のエネルギーをいくらか解放することができました。私はドラマに入り込めず外にいることが多かったのですが、このときは存分に演じることができました。自分たちのつくった人間ヘリコプターがどれほど威嚇的なものだったのか、子どもたちが入ってきて大声を上げるまで気づきませんでした。

　ここで、学校のチャイムが鳴りました。レポーター役の子どもたちは、戦争が差し迫ってきているために、この想像上の国を去ることにしました。こうして、ドラマの幕が閉じたのです。
　このレッスンには、物語の構造がほとんどありませんでした。物語の読み聞かせをしませんでしたので、参加した多くの教師にとって難しいものだったと思います。私は20年以上にわたって何百回となく『王様の噴水』のレッスンをしてきましたが、どのレッスンも確実な道筋があったわけではありません。
　たしかに、ドラマの経験がまったく初めてで、私のレッスンを受けたことのない教師たちは、ドラマの拠り所となるものを何ももっていないということを覚えておかなければなりません。このような教師たちに対しては、よく練りあげられたレッスンのアイディアを伝え、そこからドラマを始められるようにしてあげなくてはなりません。しかし、ドラマがすすむべき明確な道筋を示した地図を手渡すことはできません。何故なら、そんなものは存在しないからです。私自身、このレッスンのようなドラマを無数に体験してきましたが、そのたびごとに途中の入り組んだ道や曲がり角を楽しんできたのです。

表1 「ストーリードラマ」のモデル

物語の種類	●個人的逸話　●報告　●小話 ●民話　●詩・歌　●抜粋 ●小説　●映画　●絵本
物語にふれる	●子どもに読み聞かせる。　●映画やビデオを観せる。 ●子どもが読む。　●ゲスト講師が読み聞かせる。 ●子どもが創作する。　●子どもの生活体験文を読む。
物語からドラマをつくる	●テキストを読む前に、物語の問題やテーマについて話しあう。 ●子どもの生活のなかに生まれるストーリーを基にドラマをつくる。 ●物語のもつエネルギーを使って、似たような場面を展開する。 ●物語のなかで、解決すべき問題に直面したり、決定すべき事柄が出てきたら、立ち止まって考える。 ●物語を、過去や未来へと時間を戻したりすすめたりして想像してみる。 ●物語に暗に含まれた意味を取りあげて追究する。 ●物語のなかで、まだ書かれていない場面を新たにつくる。 ●物語に対する子どもたちの反応からドラマをつくりだす。 ●登場人物の性格や人間関係や行動の動機を探る。 ●脇役を付け加えたり拡大したりして、ストーリードラマの方向を変化させる。 ●新しい視点から物語の出来事をとらえなおす。 ●問題を付け加えたり、出来事を変えてみる。 ●物語の情緒的側面を取りだして新たな場面をつくりだす。 ●重大な問題を提示したり説明するために、物語を演じてみる。 ●参加する子どもたちに声に出して物語を読ませ、物語の声を取り戻す。
教師の役割	●最大限の学習を引き出すようにドラマを組み立てる。 ●ドラマのなかでナレーター役をする。その場面で起こったことをまとめ、ふりかえる機会をつくる。 ●サイドコーチ役。ドラマの進行にそって、子どもたちを個人またはグループ単位で横から指導する。 ●役を演じながらドラマを方向づけていく。 ●ティーチャー＝アーティストとして、子どもの感情や考えに形を与えるように導く。 ●たくさんの技法から実際に用いる方法を選び、生徒とともにドラマをつくっていく。
子どもたちの役割	●アイディアや気持ちを共同で探る。 ●ドラマの瞬間、瞬間をやり抜く。 ●重要な問題を引きだし、演じる。 ●洞察を出しあって共有する。 ●一人で作業をしたり、小グループやクラス全体の活動を行う。

	●架空の世界を個人的な体験と結びつける。 ●ドラマに没頭することで、個人的かつ公共的な意味を見いだしていく。 ●相手に反応をかえし、コミュニケーションをとる。 ●ドラマの枠のなかでロールプレイングやストーリーテリングをする。 ●ドラマのなかで、自分の言葉や相手の言葉を声に出して言う。 ●様々な手段を使って考えや気持ちを表現する。 ●ドラマのもつ力を感じとり、その力を活用する。 ●自分とアートについてふりかえる。	
技法と方法	●ゲーム、アクティヴィティ ●類似する物語の利用 ●ドラマを支えるための調査活動 ●コーラス ●動き・ムーブメント ●ダンスドラマ ●ストーリーテリング ●役になって文章を書く。 ●教師が役を演じる。 ●ゲストが役を演じる。 ●ほかのクラスと共同で行う。 ●思考をたどる。 ●教師による語り ●ペアの作業 ●小グループの作業	●クラス全体の作業 ●美術 ●仮面づくり ●問題解決 ●意思決定 ●儀式 ●過去の場面を入れる。 ●未来の場面を入れる。 ●予示する。 ●静止画(タブロー)をつくる。 ●ビデオ・写真の使用 ●その場面にあった場所を見つける。 ●インタビュー ●ホットシーティング[★2] ●専門家の役を子どもにあてる。

★2 ホットシーティングとは、ドラマのなかの特定の役の席をつくり、そこに座った人に対して周りの人が質問をしたり、話しかけたりするという方法。

5章

先住民になる

教室にコミュニティをつくる

異文化との出会い

ウイリィ・バウムの『探検（The Expedition）』という絵本は、漫画のようなスタイルで、ある島に住む先住民の話を描いています。その島に、よそ者がやって来て物語が展開していきます。ところが、その絵本のなかでは先住民の存在はほのめかされるだけで、実際には描かれていません。読者が絵本の世界に入り込み、その人たちを想像していくようにできているのです。

これから紹介するストーリードラマは、このよくわからない人たちのことを明らかにしていく作業となりました。この人たちはどんな生活をして、どんな仕事をしているのか、どんな儀式があって、どんな生涯を送るのか、異文化のよそ者が島にやって来たときにどんな葛藤が生じたのかといったことが、ドラマレッスンのテーマとなりました。この人たちが絵本にまったく描かれていないので、ストーリードラマの役づくりのために、まず彼らの生活や文化を想像してみなければなりませんでした。

「彼らの生活と、私たちの生活はどんなところがちがうのだろうか？」

「彼らは、何を信仰しているのだろうか？」

「季節や太陽、そして新しい訪問者のことをどんなふうに考えているのだろうか？」

『探検』

幾人かの者たちが、一見、無人島に見える島に船でたどり着きます。そこで、彼らは美しい寺院を発見します。彼らはその寺院を解体して、一部を船に持ち帰ろうとします。船にたどり着いた彼らは、自分たちの船が一部盗まれていることに気づきます。丘の上を見上げると、盗まれた船の部品を使って寺院がまた元のように修復されていました。島の住人たちの姿は見えませんが、よそ者たちから隠れてどこかに潜んでいたのです。

多くの教師は、生徒たちをドラマに引き込めるかどうか初めから確信がもてているわけではありません。けれども、時間をかけて子どもたちと一緒にあれこれと考えて空想をめぐらしていると驚くようなものが生まれてきます。
　この部族の人たちの役柄を決めるために、その社会の重要な儀式を決めることにしました。壊された寺院の絵が絵本には描かれています。
「この寺院は、何のために使われていたのだろうか？」
「病気とか季節に関係があるのだろうか？　戦争での勝利を祈ったのだろうか？　誕生や死といった、家族の儀式と関係があるのだろうか？」

　小学６年生の子どもたちは５、６人ずつのグループに分かれ、ずっと昔にその寺院で行われていた儀式について考えました。雰囲気を出すために、ポール・ホーンの音楽をかけました。各グループが同時に作業を行い、私は必要なところでサポートをしました。子どもたちが考えた儀式はどれも宗教的な内容を帯びたもので、彼らの生活の元型的な経験に根ざしていました。
　みんなで輪になって座るように促してから、私は「この輪が寺院です」と言って、子どもたちがそこで行う儀式にナレーションを加えていきました。それぞれの儀式について質問もしました。あるグループは、疫病で死んだ人を生き返らせる儀式を行っていました。そのときには、こんな質問をしてみました。
「もし、未知の世界から薬が島に持ち込まれていたら、疫病にかかった人たちは助かっていたと思うかい？」
　それから、また子どもたちは輪になって座り、手を挙げた者から順に、最初によそ者と会ったときのことを話してもらいました。この島では代々、未知の世界から来るよそ者がいかに危険であるかということを語り継いできたのだと、私から告げられていたからです。
　それが済むと場面は打って変わって、私が観光会社のリーダー役となり、先住民役の子どもたちに次のような提案をもちかけます。
「寺院が壊れていては、神聖さもなにもあったものじゃありませんね。もし、みなさんが島を観光地として開発する計画に同意してくれるなら、寺院を修復するために文明の利器を提供しましょう」

子どもたちは小グループになって、よそ者の提案を受け入れるか拒否するかを話しあいました。それから、役を演じながらクラス全体での討論となりました。私は、現代社会の便利さを説いて子どもたちを説得しようとします。子どもたちはジレンマに苦しみます。女の子たちは新しい技術を求めましたが、男の子たちは外からの力に征服されることを拒みました。

この日は、結論が出ずじまいでした。生徒たちはとても興奮した様子で、討論をしながら教室を出ていきました。

「あの男は、鳥たちの聖域を破壊するんじゃないか？」

「浜は、油もれで汚染されないかしら？」

次の週、私がクラスに戻ってきたときも子どもたちのエネルギーの高まりはまだつづいていました。そして子どもたちは、観光開発の提案を受け入れるか、受け入れないかを投票で決めることにしたのです。私は、みんなにビー玉を二つずつ手渡しました。白がイエス、赤がノーです。子どもは一人ずつ輪の真ん中まで行って、選んだビー玉を皿に入れました。投票の結果、現代文明の受け入れは拒否されました。

ドラマレッスンが終わってから２週間がたったとき、スポークスマン役だった子どもから次のような手紙を受け取りました。

親愛なるブース先生

『探検』の話をしていたとき、先生は島に現代文明をもたらしてもいいかと尋ねました。それは、病院を建てたり、テクノロジーをもたらすことだと先生は説明しました。しかし、それは同時に、私たちの木を切り倒し、カジノを建て、いままでなかった病気をもち込むことでもあります。

ぼくは、この提案に反対しませんでしたけど、島の環境を破壊する考えが好きにはなれませんでした。

投票のあと先生は言いました。

「わかりました。この島には手をつけずにおきましょう。でも、遅かれ早かれほかの国がこの島を発見します。そのときには、平和の代わりに戦争を仕掛けてくるかもしれませんよ」

ぼくは、また考えてしまいました。いろいろ考えましたが、結局、これしかありません。ぼくたちは、あなたに対して、ぼくたちの知識と金と自然資源を少し出しましょう。その代わりあなたは、あなたのもつ知識や電気をぼくたちに提供し、戦争を仕掛けるほかの国からぼくたちを守ると約束してください。
　　心をこめて
　　　　　　　　　　　　　　　　　　　　　　　　　　　　アンドレイ

　この生徒は、ドラマが終わってから、さらに考えたすえに自分の意見を変えました。何故でしょうか？　私が去ってから何が起こったのでしょうか？　ドラマがつづいたのでしょうか？　もしそうなら、どんな葛藤が出てきたのでしょうか？　それとも、アンドレイは自分一人でドラマをふりかえり、この問題を考えなおしたのでしょうか？
　アンドレイの手紙は、ドラマをゆっくりとしたペースで行うと、子どもが自分の力でここまで深く考えていくということを示しています。このレッスンでは、寺院の歴史をたどってみたり、予想される未来の出来事を考えたりするなかでクラスのエネルギーがうまく方向づけられ、本当のドラマが起こる可能性が保たれたのです。

民族をつくる

　次に紹介するのは、先住民と入植者から成る二つの文化をつくりあげるときの基本的な方法です。それと同時に、これは、どんなストーリードラマの導入にも使えるやり方です。そこでは基本的に、子どもたちに質問を投げかけ、議論に巻き込み、問題解決の方法やそのほかのグループ活動を用います。そうすると、子どもたちは必然的にドラマのなかへと引き込まれていきます。
　ここでは、まずクラスを二つに分けます。二つの民族をつくるためです。各民族は、クラスの半分で構成されます。そして、各グループで、その民族に関するすべてのことを決めていきます。いったん民族がつくりだされると即興を通してドラマ

が展開していき、クラスのもう半分の人たちとも交流が始まります。

　次に、一方のグループが作業をしているとき、もう一方のグループは観察者役になり、相手の民族のことを描写します。それぞれのグループが互いを観察しあうことになるので、観察がしやすいように、教師は次のような質問してあげるとよいでしょう。

- あなた方は、あの民族を研究している人類学者なの？
- あなた方は、伝染病を治療しようとしている科学者なの？
- あなた方は、未来から来た人たちなの？
- あなた方は、古くからいる人たちなの？
- あなた方は、時間の流れから取り残された人たちなの？

　もちろん、ドラマはすべて母国語で行いますが、互いの民族を描写するときには観察者役であることを明確にするために、独特な話し方やパントマイムを取り入れてもかまいません。

　観察者の側は、相手の民族についてできるだけたくさん情報を集めるようにします。そのためには、演じている相手を詳しく観察しなければなりません。そして、ドラマの最後に、観察者の役を演じたまま相手の民族についてわかったことをすべて明らかにします。このようにすると、演じる側は観察する側を意識します。観察者が何を見て、どう理解しているのかを意識し始めます。つまり、このやり方を使えば、ドラマの枠内にいながら観衆との間のコミュニケーション力を養っていけるのです。

　ドラマのなかである民族をつくりあげるときには、いろいろな要素を使ってそのイメージを膨らませるといいでしょう。仕事、信仰、商売、コミュニケーション様式、衣装、教育、家族、食べ物、健康、法律、娯楽、家や建物、旅行、戦争などです。

　しかし、生活のいろんな面をただ描くだけではドラマとしては不充分です。ドラマをするとは、現実世界を生きるときに起こってくるような葛藤や問題を解決して乗り越えていくということなのです。それが、いつ、どこで起こっているのかということはたいして重要ではありません。生活のどの場面を取りあげてもドラマは広

がっていき、特別なものになります。たとえば、その民族の「食べ物」が焦点となるなら、以下のような観点から考えてみるとよいでしょう。

- どのようにして食べ物を見つけるのか？　魚つり、罠(わな)にかける、狩猟、あるいは、植物や野いちごの採集など。
- だれが食べ物を管理するのか？
- だれが食べ物を料理するのか？
- だれが食べ物を分配するのか？
- 飢饉(きが)のときにはどうするのか？

　生活のどんな側面も、同じように描いていくことができます。そして、それはその後のドラマづくりの土台として使えます。ドラマの焦点をしぼる場合には、一回に一つの側面を選んで、その場面についてだけ考えるように促します。たとえば、その民族が春を祝う儀式を行っているというような場面です。

　このようにして、民族の行動、価値観、人間関係、儀式などを含んだ全体像をつくりだしていくのです。そして、この情報は、その部族に出会う別のグループにも共有されます。

一人でする。みんなでする

　ドラマは、できるだけ多くの子どもたちを引き込むべきです。一番いいのは、子どもたち全員が同時に参加することです。アイディアや言葉の流れ、そして動きの流れをいろいろと試しながらすすめるとよいでしょう。

　しかし、ドラマのなかで子どもたちは、ほかのメンバーと交流することなく一人だけで活動をするときがあります。一人で作業をすると深く集中することができます。個人的な探究をするための、自分だけのスペースが確保できるのです。また、気が散るのを最小限に抑えることもできます。クラスは一つの単位ですが、そのなかの一人ひとりも全体の一部として働くのです。

また、ペアや小グループになって作業をすすめるときもあります。その場合には、互いの思考を刺激しあって相手を助けることにもなります。子どもはいろんな相手と作業をするのが望ましく、そのたびに課題を注意深く設定します。

　ところで、共同作業をふりかえる時間はあまり長くとる必要はありません。それぞれのグループが発見したことのうち、いくつかをクラス全体に示すこともできます。そうすれば、競争心ではなくクラス全体のコミュニティ感覚が高まります。

　そして、クラス全体でドラマをすすめる場面があります。それには、ミーティング、集会、あるいはセミナーといった公開の集まりの形をとってすすめることがあります。こういう場面では、みんながそれぞれ役を演じ、みんなが全体の一部となります。

　子どものなかには、すぐにつづけざまに演技をしたがる子がいます。そういう子どもたちには、より深い達成感が得られるような場面を用意する必要があるでしょう。それとは反対に、説得しなければ参加しない子どももいます。そういう子どもに対しては、常にその努力を認め、さらにドラマに入っていけるように励ますのです。子どもの人生のなかに意味が生まれてくるのは、実際に自分が参加して体験したときなのです。

　私は、いろいろなグループの子どもたちとドラマをしてきました。どんなグループにも、ちがった役割で入っていくことができます。部屋のなかを歩き回り、グループに質問をし、彼らのアイディアに挑み、考えが深まるように促します。グループ間で考えを交流させたり、問題を設定しなおしたり、ドラマの焦点を定めたりもします。

　課題を設定して問題解決を図るために、ペアや小人数のグループをつくって子ども同士の交流を促すことがありますが、そのあとで必ず全員を集めて、話しあいがどんな具合にすすんでいるのかをクラス全体でふりかえります。これは、私が学んだ重要な点です。

「このグループは、どんな話しあいをしたの？」
「みんなの意見が一致したの？」
「あなたのグループがこんなふうに考えるのは、何故なのかな？」
「ほかのグループが言ったことに、あなたたちは賛成するの？」

ただし、グループの作業中に起こったことが、彼ら自身にとっても、またドラマ全体にとっても重要なものだったと子どもたち自身が感じなければ意味がありません。

ドラマは協同的な作業です。そこに参加している人たちは、ドラマのなかで行われることについてそれぞれ異なる見方をしますが、そうした参加者たちの間で、それぞれの意味のすりあわせがなされていくプロセスがドラマだと言えます。ドラマとは、教師がクラスの生徒たちの間に一種の取り決めをつくりあげていくようなプロセスです。その取り決めは、すべての参加者が意識的によく考えたうえで決断を下すなかから生まれてきます。もちろん、その決定は、架空の役柄設定という安全圏のなかで行われるものです。

ドラマの登場人物の考えや気持ちを子どもがもっともよく理解できるようになるのは、クラスが全体でドラマに取り組んでいるときです。そして、それに加えて、小グループにおける作業がクラス全体のドラマ体験を深めていくときです。

グループワークをクラス全体のドラマの展開につながるようにする方法はいろいろとあります。以下に、いくつか挙げておきます。

- 各グループが役を演じながら、クラス全体へ報告をします。たとえば、長老のような報告者を選んで行います。
- 各グループが、自分たちの知りえたことを、タブローを用いたり言葉で描写して表現します。いくつかのグループが、みんなの前で、それぞれ知ったことを実演してみるのもよいでしょう。
- グループ内で、ドラマのなかで実際に起こった出来事を再現してみます。
- 全員で輪になって各個人が役を演じながら、グループの作業について感じたことを表現してみます。
- 教師が、各グループの演技をその開始時点でフリーズさせて止めます。グループの活動をすべて見せあうことは、必ずしも得策ではありません。
- 教師が、グループのなかですすんでいた作業を取りあげて、次のドラマレッスンの土台とします。つまり、そのグループワークは、クラス全体のドラマという広い文脈のなかで一コマの劇となります。劇中劇です。

ドラマレッスンのなかでは、子どもたちがただ観察をしたり意見を述べるだけのときもあります。しかし、これは彼らが受動的な観客だということではありません。子どもたちは、自分たちが見ているものから学び、情報を引きだしているのです。

ところで、ドラマ活動がかなりすすんだところで子どもたちの参加意欲が衰え、ドラマに真実味がなくなってきたらどうすればいいのでしょうか？ そういう場合は、教師は活動をいったん止めて、子どもたちにいろいろと質問をして、それから活動を再開すればよいのです。

ドラマのほかの場面でも演技を中断してよいときがあります。そのようなとき、グループごとに、いま何が起こっているのかを報告してもらいます。また、教師が別の演技の可能性を示すこともできます。このように、いろいろなレベルが交差してドラマが形づくられていきます。

ドラマをしながら、私はいつも思いをめぐらせています。この場面にあった演技をつくっていくにはどういう方法がいいのだろうか？ ここで立ち止まってふりかえりをするにはどういう方法がいいのだろうか？ クラス全体の力を引きだすにはどうすればいいだろうか？ グループ分けに関しても、ここで個人の作業にしようか、小グループに分けようか、クラス全体でやろうか、といつも考えています。どれも、すべて必要なのです。

物語との再会

今年、『探検』の絵本を使ってストーリードラマをしました。いろいろと問題のある都市部の小学4年生のクラスでした。このとき、先住民のリーダー役をした少女は厳粛で落ち着いた雰囲気をかもしだしました。ここに紹介する4通の手紙は、担任の教師のすぐれた作文指導に助けられて書かれたものですが、それらを読めば、子どもたちがそのとき何を学んだのかを知ることができます。

リーダー役をした少女は、このうち2通の手紙を書いています。2通目は、よそ者による寺院修復工事を受け入れるかどうかをクラスで話しあったあと、彼女がそ

れをふりかえりながら書いたものです。この手紙からは、彼女がいかに深く役のなかに入っていき、ドラマのなかで生まれた葛藤状況にどうかかわったのかが読み取れます。この力強い手紙は、彼女の学びの深さをはっきりと証明するものです。

　　親愛なる船長へ
　　私は、この部族のリーダーです。私は決めました。決断は簡単でした。私が決めたのは、あなたから寺院は受け取らないということです。何故なら、あなたがとても奇妙な人で、卑劣に思えるからです。自分の祖父がやったことに罪悪感をもっていなければ、どうして私の寺を建て直そうなどと思うでしょう。私は、自分があなたの祖父にしたことを悪いとは思っていません。すべては、あなたの祖父のせいなのです。もし、あなたの祖父が私の寺院を壊していなかったら、私はあなたの船の舳先（へさき）を壊すことはしなかったでしょう。
　　　　　　　　　　　　　　　　　　　　　　　あなたの敵
　　　　　　　　　　　　　　　　　　　　　　　　リーダーより

　　親愛なる船長へ
　　私は、リーダーと同じ意見です。寺院を戻してもらわなくても結構です。あなたも、あなたの王様も信頼できないからです。それに、もしこれが罠だったらどうでしょう？　私たちは、もっと苦しむことになるでしょう。だから、寺院を元に戻さないでください。

　　追伸　あんな古ぼけた寺院なんて、世界一深い海に投げ捨ててくれればいいのよ。
　　　　　　　　　　　　　　　　　　　　　　　あなたの敵
　　　　　　　　　　　　　　　　　　　　　　　　野獣の子

　　親愛なる船長へ
　　私は決めました。私は、リーダーの意見に反対です。あなたは寺院を戻すべきです。この島では、たくさんの人が死んでいきます。不可解な溺死も起こり

ます。みんなインフルエンザや病気にかかるし、どういうわけか、生まれてくる赤ん坊が小さいのです。だから、私は寺院を取り戻したいのです。

心をこめて
シンカイナ

　親愛なる船長へ

　もう一度、リーダーの私です。あなたも知っての通り、何人かが私に賛成しませんでした。私を失脚させようとする者もいました。しかし、残りの人たちはみんな寺院を望みませんでした。ということは、私がまだリーダーなのです。この島へは戻ってこないでください。私の心は決まっています。島の人々は私に賛成しており、私の味方です。もし戻ってきたら、あなたは絞首刑です。

いまなおリーダーのパワーウーマンより

　これほどの力強さと自信が自分にもあれば、と思います。彼女はクラスのなかでの社会的な立場と、ドラマのなかでのリーダーの立場の両方において大きな自信と強さをもっているのです。

　この例のように、子どもたちがドラマを自分のものにしていったときには、私の教室内での役割もちがってきます。こういうとき、私のエネルギーは、クラスの片隅にいる子どもたちの力を引きだし、みんなの輪のなかへと入れるように、サイドコーチとしてそばで支えてあげることに向けられます。

6章

誰がしきるの？

教師の役割

先生はひとりぼっち

　あるものを、いつも同じ場所からながめていると、それはしだいに古ぼけた、つまらないものになっていきます。そして、ついには感覚に訴えなくなり、まったく顧みられなくなってしまいます。だから、焦点を絞ったり、広げたりしてみて見方を変えます。
　木を見ているとしましょう。焦点を絞れば葉っぱが見えます。焦点を広げれば森が見えます。どんなものでも、そこから原子の方向へと向かえますし、宇宙の方向へと視点を変えることもできます。そのどちらも、それに対応した視界と意識をともなっています。

　　　　　　　　　　　　　　　『ズームイン（Zooming In）』

　数年前、オンタリオ州の北部に広がるハドソン湾のサニキルアク島（Sanikiluaq）へ行きました。そこで、イヌイットの子どもたちを相手にしてドラマレッスンをしました。そのとき、幼稚園から８年生までの三つのクラスで教えました。
　サニキルアク島に飛行機で降り立ったとき、まさかマイナス40度の世界が出迎えてくれるとは思わなかったので、私はトレンチコートしか着ていませんでした。
　イヌイットの子どもたち、その親たち、そして地元のリーダーたちに会うと、最初この人たちは私をじっと見つめるだけでした。やがて、地元のリーダーが立ちあがって、こう言いました。
　「あなたを歓迎したいが、私はあなたの言葉をうまく話せない。しかし、何とか精いっぱい英語で話すようにしましょう」
　もちろん、彼の英語は実に流暢でした。そして、彼は同じスピーチをイヌイットの言葉で行いました。
　それから２週間、私はそのコミュニティで生活をしました。アザラシ狩りや氷上での釣りをし、スノーバイクに乗ったり、パーティーを楽しんでドラマを教えました。もし、みなさんが身一つで自分を試してみたいと思うなら、ぜひハドソン湾に

行ってみてください。

　最初、私がクラスに入ると、子どもたちは全員イヌイットの言葉で話し始めました。私は、自分がよそ者であり、そこに属していない信頼されない人間であることを思い知らされました。どのように始めればいいのか、どこから始めればいいのか、皆目見当がつきませんでした。思いつくあらゆるウォーミングアップも、マイナス40度の空気のなかで凍りつくかのようでした。

　私のメガネは、学校へたどり着くまでの4分の間にひどく分厚い霜で覆われ、ゴシゴシと擦らなければ何も見えませんでした。この教室に捕まった、そんな感じすらしました。そして、とにかく、すぐにドラマに入ろうと思いました。

　私は本の詰まったケースを持ってきており、神話や伝説で始める予定にしていたのですが、どれも役に立ちそうにありませんでした。そこで「この村のことを話してよ」と言いました。すると、子どもたちは大笑いしました。この村は、この部屋とほとんど同じ大きさしかなかったからです。子どもが200人と、大人が300人なのです。みんな、生まれたときから、この村のことをすべて知っていました。みんな、村を離れたことがないのです。

　「いったい何のために、この村のことをわざわざ話すの？」

　「だって、ぼくはよそから来たでしょ。この村のことが知りたいんだよ」

　それで、彼らはやっと話し始めてくれました。そして、黒板に村の大切な場所を挙げていきました。ハドソン・ベイ・ストアー、生協、レクレーションセンター、学校、マウンティ駅、診療所などです。そこで、私は言いました。

　「もし、ぼくが政府の役人だとするよ。ここにやって来て、建物を一つ取り壊すぞって言ったら、みんなはどれを選ぶ？」

　その後、子どもたちは1時間半にわたって議論をしました。私に話しかけることができなかった少女たちも、部屋中で囁きあう姿が見られました。そうして、みんなの意見があうと、建物が一つ、また一つと消されていき、最後にハドソン・ベイ・ストアーだけが残りました。

　1時間半の間、私は彼らがつくるドラマのなかにいました。私はこれまで自分が学んできた方法をすべて駆使しましたが、ドラマの展開は完全に彼らが握っていました。これ以降は、何も困ることはありませんでした。

私がサニキルアク島を去るとき、イヌイットの人たちは、ある教師の家で最後の集まりをしてくれました。そして、彼らは私のためにイグルー〔氷の家〕を造ってくれたのです。ランプが入れられ、内側から輝いているその氷の家に入ると、そこは霊妙な力に満ちた場所でした。あたり一面に、そして私自身のなかにも「北の精霊」が宿っているのを感じました。

　お別れパーティが終わり、私はゆっくりと家へ向かって歩いていました。風はなく、星が出ていました。空気がまったく汚れていないので、息をのむほどの美しさでした。そして、ちょうど真夜中です。ハドソン湾の真ん中にあるこの島の真ん中の、雪に覆われた丘の上で14歳のイヌイットの少年がたった一人で、ブルース・スプリングスティーンの『ボーン・イン・ザ・USA（Born in the USA）』を歌っているではありませんか！

　私は、そのときハッとしました。彼らの島でしばらく一緒に暮らし、彼らのことを学ぼうとしていたのに、何十年にもわたって西欧の文化は彼らの世界に押し寄せ、流れ込んでいたのです。その少年は、私のために歌っていたわけではありません。彼自身に、そして島の精霊たちに向かって歌っていたのです。まさにそのとき、彼はドラマのただ中におり、ドラマに満たされていました。それに、私は心を揺り動かされたのです。

　飛行機へ向かおうとしていたとき、一人の若者が詩を手渡してくれました。彼がつくった唯一の詩で、私に持っていてほしいと言いました。

ジャコウ牛　ちょいと、ガチョウさん。ぼくの妻をさがしておくれ。
　　　　　　ぼくには妻が必要なんだ。どこにいるのか、知ってるかい？
　　　　　　教えてくれたら、おまえさんを猟師から守ってやるよ。
　　　　　　妻がいなくてつらいんだ。

カモメ　絶対にわかるまい。おまえの妻がどこにいるのかなんて。
　　　　　きのう、おいらと結ばれたのさ。
　　　　　おいらのことを愛してるって言ってさ。

　　　　　　　　　　　　　　　　　　　　　　　　　　ジョニー

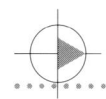

秘密の種あかし

　どうすればドラマが生まれるのでしょうか？　ドラマの力を高め、その意味を深めるためにどんな手法を用いればいいのでしょうか？　また、子どもが自分たちの活動を価値あるものと感じるにはどうすればいいのでしょうか？

　私は、同僚で親友のガノー・ハイネとイギリスの大学院にいたとき、ギャヴィン・ボルトン教授の下で一緒に学びました。そこでの一年間、子どもたちとドラマをするという課題がよく出されました。ガノーの才能は飛び抜けていて、緊張感をうまく使ってドラマを豊かにし、深めていく能力に恵まれていました。彼女は、びっくりするような手法でドラマの本質を分からせてくれるのでした。

　たとえば、中世を舞台にしたドラマで、5年生の子どもたちが本当の王様を取り戻そうとしていたときのことです。子どもたちは鳩（ハト）の訓練士になって、牢屋に閉じ込められている王様に伝書鳩でメッセージを届けようと考えました。このときも、すぐにガノーは質問を投げかけ、自分も役を演じながら、ペアやグループやクラス全体でその場面を具体的に想像させました。そして、鳩が私たちの目の前に現れたのです。私たちは、知らない間に鳩を手の上に乗せていました。

　ガノーは「伝書鳩を飛ばす前に、どんな準備をしなければならないの？」と、子どもたちに尋ねました。誰が鳩を捕まえ、誰が鳩小屋を掃除し、誰が餌をやるのかを知りたがりました。そのうえで、私たち一人ひとりに想像上の鳩を抱かせて、その翼を調べさせ、メッセージを持って飛べそうかどうかを確かめてみるようにと言いました。

　私たちは村中の鳩を調べ、どの鳩にメッセージを運ばせるのかを決めなければなりませんでした。必要なのは1羽、たった1羽の鳩でした。私たちは鳩に餌をやり、世話をして、自分の鳩をまるで本物の鳩のように育てあげていきました。このときガノーは、スッと床にかがんで想像上の鳩の羽を一つ拾いあげ、それを本の間に挟んで、こう言いました。

　「私たちの王国の自由が、この羽のなかにあるわ！」

ドラマの秘密は、その緊張感にあります。緊張感こそが、ドラマに神秘性をもたせ、驚きをもたらすのです。それは、目の前にぶら下げられた葛藤であり、時間と空間を枠づけるものです。つまり、ドラマをよいものにするには、何らかのプレッシャーを子どもたちにかける必要があるのです。そうすれば、子どもたちは差し迫った問題の解決や意思決定を迫られることになります。

　ハッとする、ショッキングな内容を用いることもできます。たとえば、「大きなカヌーに乗っている者のうち、一人が死ぬだろう」と告げます。すると、そのショックで子どもたちは、自分たちが何をしようとしているのかをもう一度考えなおします。

　また、進んでいくかに見えた方向とは逆の方向へと、ドラマを引っ張っていくこともできます。たとえば、当初の予定では、早朝、霧にまぎれて村に現れ、そこを乗っ取ることになっていたとします。ところが、「霧はすっかり晴れあがり、青空が現れた。私たちは敵の村から丸見えだ」と、ナレーションを入れるのです。

　また、役を演じる人たちに課題を与えるのもいい方法です。たとえば、謎を解かなければ賢者と話すことができないという具合にです。王様が受け入れてくれるような話し方をしなければならない、という課題を出すこともできます。そうすると、子どもたちは王様の心を動かすような言葉を注意深く選びます。このように、教師として私たちは子どもたちに困難な状況を用意するのです。

　もう少し例を挙げてみましょう。たった一人しか金庫の開け方を知らないとか、日食のため白鳥がいつもより早い時期に戻ってくることになったとかです。あるいは子どもたちが、ある分野の専門家役になるのもいい方法です。ほとんど絶滅しかけている動物の情報をもっている専門家になるとか、いまから訪問する島の文化をよく知っている専門家になるとかです。

　緊張感を高めるのにもっとも効果的な方法は、ドラマの展開のペースを落とすことです。そして、ドラマのなかで起こっていることをふりかえるように促すのです。たとえば、三通りの筋書きを考えて演じてみて、そのなかから一番いいものを選んでみます。あるいは、城にある武器の状態を調べるために怪物と戦ってリハーサルをしてみます。また、いまどういう選択をすべきかを明らかにするために過去の出来事をフラッシュバックで演じたり、未来の出来事を一場面だけ演じてみたりしま

す。大きな用紙にマジックで図を描きながら、慎重に計画を練る作業をするのもいいでしょう。

　これらの手法は、子どもたちの気持ちや考えを高揚させ、ドラマを力強いものへと導いていきます。いまドラマのなかで何が起こっているのか、その内容を詳しく掘り下げていく方法なのです。演技をするだけでなく、ふりかえりの時間をもつことでも、それができるようになります。

　言うまでもなく、教師が教壇に立っているよりも、役を演じてドラマに入っているときのほうが緊張感を高めることができます。たとえば、次のように言うことができます。

　「私は、昔からこの村に住んでいるんだ。そう言えば、子どものころ、これと似たようなことがあったな」

　このひと言で、ドラマに別の方向性が付け加わるのです。

　ドラマにおける学びは、ドラマに直接参加する経験から生まれてきます。ですから、子どもたちには参加しながら自分で考えてもらいます。私たち教師は、子どもたちを重要な場面に導き入れ、難しい課題の前へと立たせます。しかも、彼ら自身がドラマを形づくれるようにします。そのとき、子どもたちに何が必要なのかを理解したうえで、ドラマのスタイルや使う方法、そして取り入れる活動を決めていきます。それが私たちの役目です。

　ドラマのテーマを選んだり、展開の方向を決めるのは子どもたちです。その一方で、教師はドラマの内容に構造を与え、そのテーマをドラマに用いるときの目的を定めます。子どもたちのアイディアは大切にします。つまり、教師としての私の役割は、子どもたちのアイディアを整理して明確にし、増幅していくことなのです。私がドラマのなかで目指しているのは、子どもたちが自分自身の力で学べるようにすることです。

　しかし、私はレッスンの構造と構成には責任をもっています。レッスンの構造を整えることで、子どもたちが演技の背後に潜んでいる意味に気づけるようにします。そして、クラス全体に共有される「より大きな善」とは何かを理解できるようにします。

　ドラマが成立するには、子どもたちがやりたいことと、私がドラマのなかに見て

とる可能性とがバランスよく結びつかなくてはなりません。私の仕事は、子どもたちがドラマの焦点を見つけていくようにサポートすることです。それは、クラスの大多数の子どもが受け入れられるような焦点でなくてはなりません。しかし、私はドラマを指揮監督したり、子どもたちを私の命令に従わせたりはしません。アイディアを全部話すようなことはせず、個々の場面に働きかけます。つまり、必要なところでプレッシャーを加えて体験を深めるのです。

　私の仕事は、ドラマを構成し、そして再構成していくという絶えざるプロセスなのです。ドラマの展開につれて、焦点を絶えず明確にしていきます。子どもたちが提案するアイディアに含まれている意味をつかみ、グループでアイディアを展開していくのにもっとも適切な方法を見つけだします。

　私は、子どもたちが自発的に参加できるように学習を組み立てなくてはなりません。それと同時に、それが子どもたちにとって意味深い学びの体験になるようにします。そして、グループの能力にちょうど見合った活動を選ばなくてはなりませんが、その活動は同時に子どもたちの能力をさらに引きだすものでなくてはなりません。

　また、話が自然に出てくるような健全な雰囲気をつくりあげることも大切です。一人ひとりの子どもの反応を絶えず引きだし、全体の流れに貢献できるようにサポートします。ただし、表面的な反応には挑戦します。不充分な反応を、より練られたもの、より広がりのあるものへと導いていきたいからです。しかし、話し手自身を否定することは決してありません。私自身の知識を押しつけず、クラスからより多くの情報を引きだそうと心がけます。

　私は、クラスが興味をもち、より強く動機づけられるようなレッスン構成を模索します。子どもたちには、すでに知っていることを表現するよりも、まだ知らないことを探究するようにと励まします。そして、様々な方法を用いて、情緒と思考の両面が発達していくように作業のすすみ具合を調整していきます。その際、どのような態度や見方に焦点をあてるべきか、逆にどのようなものに焦点をあてると取り返しのつかないことになるかを、よく観察しておかなくてはなりません。

　ジェローム・ブルーナーの言葉に、次のようなものがあります。

「洞察力のある推理、豊かな仮説、とりあえず結論を導きだす勇気――思想家が

どんな仕事をするにしても、この三つが勝負を決める」

これら三つがドラマのなかで起こるのは、子どもの思考や感性が研ぎすまされたときです。それには、教師の介入が欠かせません。教師の介入は、教え学ぶプロセスにおいて大切な要素なのです。

用務員さんはすごい

私がドラマを教え始めたころのことです。私の学校の校長が次のようなアドバイスをくれました。

「用務員さんにはよくしなさい。用務員さんは、きみの秘密を全部知っている。きみの将来も決めるぞ」

真理をつく言葉でした。私は、8年生のときにドラマの授業を初めて受けました。ちょうど第二次世界大戦のあとで、イギリスからの移民は自分の専門外の仕事につかざるを得なかったころです。私の学校の用務員は、月曜日と火曜日に来て床を拭いたりトイレを磨いたりしていましたが、校長は彼に演劇の経験があることを知っていました。やがて、彼は木曜日の午後、ムーブメントやドラマを生徒たちに教えるようになりました。彼の才能には目を見張るものがあり、彼は教師に勝るとも劣らない尊敬を集めていました。

ある保護者会の晩、私たちは自作の『骸骨の世界』という劇を披露しました。これは、死神が人々を墓場へと導いてゆく『死の舞踏（Danse Macabre）』[1]という中世の物語をもとにして、私たちが創作したものでした。その夜、大人たちは、私たちが思春期特有の問題をかかえていても、私たちにはそれを乗り越えていく力があるということを目の当たりにしました。それは素晴らしい夜でした。私たちは、ダンスとドラマの本質に触れることができました。この経験は、私のなかでずっと生

★1 『死の舞踏』は、人々が骸骨となって踊っている模様を描いたもので、ヨーロッパでは中世以降、多くの絵画作品が残っている。このような物語の背景には14世紀半ばにヨーロッパ全土を襲ったペスト（黒死病）の影響があると言われ、現世の身分や財産も死の前では無に帰すという死生観を表している。

きつづけています。

　ドラマが終わり、打ち上げをしました。みんなでジュースを飲み、お菓子を食べて演劇について語りあいました。そして、午後10時、私たちは帰りました。ところが、用務員の彼は、私たちが去ったあとに一人体育館に残りました。そして、ホウキとチリトリを持って掃除を始めました。たった一人、彼の劇場に残って……。

　もう一人、別の用務員さんの話をしましょう。ここに紹介する「ドラゴン★2」のドラマは、この用務員がいなければ完成していなかったかもしれません。

　私たちは、教会のホールでドラマをつくっていました。アーサー王の騎士物語★3に触発された役を演じることになっていましたが、参加した大人たちは、演ずる役に入り込めずに苦労していました。30人もの大人が、7月の暑い日に教会のホールでドラマに取り組むのは大変なことでした。私が汗をかきながら奮闘していると、用務員がやって来て尋ねました。

「いったい、何時までかかるんだい？」

　これといった理由はなかったのですが、とにかく必死だった私はふと彼に聞いてみました。

「このドラゴンのタペストリーに隠されている秘密を見つけてくれないか。このタペストリーは洞穴で発見されたもので、その秘密がわかれば、騎士にかけられている呪いが解けるんだ」

　その用務員はタペストリーをじっと見つめ、私たちがつくっているタブローの周りを歩いて、彼に見えてきたものを話してくれました。彼にはとくに知識があるわけでもなくドラマの経験もありませんでしたが、タペストリーの謎を解いたのです。30分後、彼が立ち去ったとき、私たちは輪になってふりかえりの時間をもちました。見知らぬ人がドラマに参入してきたことについて、そして社会的地位に関するステレオタイプ的な見方について話しあいました。

　後日、私たちは彼にスコッチウィスキーを贈りました。しかし、彼は酒を飲みませんでした。当然だったかもしれません。感覚が鈍っていてはドラゴンは見つけられませんから。

教師たちの声

　さて、教師のもつ言葉の力とはどのようなものでしょうか？　話したり聞いたり、読んだり書いたりする才能はどれほど重要なのでしょうか？　子どもたちの前で、私たちはどのような言葉遣いをしているでしょうか？　私たちの話しを観察したり、聞いたり、私たちとやり取りをするなかで、子どもたちは知らず知らずのうちにどんな言葉を学んでいるのでしょうか？

　ドロシー・ヒースコートは、教える側の言葉のスキルは「実践のなかで磨かれるべきだ」と言っています。教師は、自分の言葉がドラマに及ぼす力に気づいていなくてはいけません。そして、その言葉が子どもたちに喜びや閃き（ひらめ）を与えることを知っていなくてはなりません。

　教師はまず声に出して、テキストを読むようにしなくてはなりません。読んでいる内容を理解して、気持ちを込めて読むようにすれば、とくに訓練された声でなくてもかまいません。教師は言葉と語りをドラマの目的にぴったりあてはまるように、言葉を注意深く選び、無駄なく、力強く使う必要があります。

　ストーリードラマは独特な学習方法なので、教師には豊かな言語的感性が求められます。それがあれば、ドラマのどの瞬間にも一番よい部分が引きだされてきます。また、言葉の情緒的な力を聞き分けられるように「よい耳」を養うことも大切です。つまり、幅広い声色や効果的な声の大きさ、声の高低、選び抜かれた語彙などを聞き分ける耳を養うのです。

　なかなか大変なことに見えますが、心配しないでください。子どもたちが言葉の源へと導いてくれます。ドラマのなかに入って、子どもたちと一緒にやってみればいいのです。ドラマという安全な経験のなかで、いろいろな役や声に挑戦してみる

★2　ドラゴン（龍）は、世界中で太古の昔より様々に語りつがれてきた幻の怪物であり、聖獣として畏れられ崇められる一方で、悪の象徴として退治される対象でもあった。騎士聖人、聖ゲオルギウスのドラゴン退治の伝説が有名。
★3　イギリスの伝説的な存在であるアーサー王の下で、王に忠誠を誓った騎士たちが活躍する物語。「アーサー王と円卓の騎士たち」として知られている。

のです。ドラマの内容に気をくばり、子どもたちの演技に熱意をもってかかわっていくと、教師は子どもたちとともに学び、ともに旅をし、教育の一番味わい深い体験をすることができます。

　参加者にとって価値ある言語学習が生じるのは、自分自身が考え感じるというレベルで参加したときです。これと同じことは、教える側にも言えるのではないでしょうか。ドラマは、教師と子どもにとっては異なるものかもしれませんが、言葉の必要性は常につきまといます。言葉は、適切かつ効果的に考えを相手に伝えるために必要ですし、また相手のニーズを理解するために必要です。そして、私的な意味であれ、公的な意味であれ、ドラマのなかで積極的に自由に意味を形づくっていくうえで必要なものです。ドラマを用いれば、教師はいろいろな言語パターンを使うことができます。たとえば、ナレーターとして、あるいは劇中の役柄として話しをします。いわゆる教師臭い言葉遣いのパターンから自由になれるのです。

内側から見る

　教師がドラマのなかで役を演じながらかかわるときには、演技の技術はそれほど必要ではありません。それよりも、ある種の態度を身につけることのほうが大切です。教師として私は、子どもたちに寄り沿いながらドラマにかかわりますが、子どもたちは、私がいつ役を演じていて、いつ演じていないのかを知っている必要があります。たいてい私は、イスを決まった場所に置いておいて、そこに座ることを「役から離れて話しあいに入る」という合図にしています。

　教室でドラマが展開しているところを想像してください。私は、子どもたちに混じって役を演じています。クラス全体を集めて、ドラマがどういう方向へすすんでいくのかを検討する必要が出てくるまで、子どもに混じっています。レッスンの間、ドラマの必要に応じて私が二つ以上の役を演じることもあります。その場合、私が何を達成したいのかによって役を選びます。ただし、役を演じるということがいつも最適な方法であるとはかぎりません。それ以外の方法を使い、それから役に戻る

こともあります。そのさいには、必ず子どもたちに合図を送り、自分がいま役を演じているということとドラマの状況がわかるようにします。

　役を演じながらドラマを豊かに展開していく方法はいくつもあります。私は、ドラマの内部に入り込んでドラマそのものを広げていきます。そして、従来の教師という立場ではできないようなやり方でクラスに挑戦することができます。たとえば、攻撃的になったり、少数派の味方になったり、ドラマの流れを止めたり、別の方向を示したりできます。また、ドラマのなかで言葉のレベルを高めて子どもたちの言葉の水準を引きあげたり、芳しくない解決方法を阻止したり、物事を明らかにさせるためにドラマの進展をゆるめたりできます。

　私が役を演じて架空の世界をつくりだすとき、私はもはや通常の教師の立場にとどまっていません。したがって、子どもたちは、実際のクラスとはとてもちがった形で私やクラスメートと交わることになります。もちろん、教室全体の状況は私がコントロールしていますが、ドラマとそのなかの登場人物がドラマの動いていく方向を決定します。

　たとえば、もし私が王様の助言者の役で、子どもが王様の役を演じているなら、王様を演じている子どもがその村の運命を決定します。そこでは、子どもと教師の力関係が変化します。言葉の調子、言葉の受け取られ方、言葉の選択、言葉が意味するものなどが普段とはちがってきます。このようにして、子どもから力強い自由な声を引きだすことができます。つまり、子どもたちの言語表現の幅を広げる機会が得られるのです。

　クラス全体で演じることには実践的な目的もあります。クラス全体でドラマを演じながら、私はドラマの経験が少ない子どもたちの演技をガイドします。そうすると、子どもたちは、全体の場で学んだことをグループ活動のときに応用してやってみることができるのです。

　もし、クラス全体の注意を引く必要が出てきたなら、私は年老いた賢者となって過去の出来事を思い起こさせる場面をつくります。クラスを活性化する必要があるなら、山向こうからニュースを届け、「土地が奪われるかもしれない」と告げます。反対に、生徒たちを静める必要があるなら、村の書記役になって村人である子どもたちに、「一人ずつ私のところへ来るように」と言い、一人ひとりの心の底にある

疑問を村の記録として残そうともちかけます。

このような役柄のレパートリーは、子どもたちとドラマをするときに役立ちます。もっとも有効な役を注意して選ぶと、ドラマはまたたくまに重要な場面展開をします。そういうとき、子どもたちはクラス全体のなかで自分の反応を表現し、クラスのみんなと関係をつくりだす機会を得るのです。

子どもたちとロールプレイングをするとき、次に挙げる六つの役は、教師が演じられる基本的な役柄となります。

①ナレーター

これは、実に有効な役割です。「昔、昔……」と言うだけで、いろいろなことが可能になります。個人的な思い出を語って場の共感を高めたり、ドラマを深めたりできます。あるいは、将来起こるかも知れない奇妙な出来事について語ってもよいのです。また、子どもたちがドラマのなかで演じた具体的な場面に教師が詳しいナレーションをつけると、彼らの活動を引き立てることになります。ナレーションをしてもらうと、子どもたちは自分たちの活動が特別なものに感じられるようになります。あるいは、目を閉じて、何十年や何百年の時を超え、過去や未来へ行くと告げることもできます。ナレーターは、ドラマの活動を一つにまとめたり、新しい方向を示したり、成し遂げたことをふりかえらせたりすることができます。そして、苦心してすすめている自分たちの活動が素晴らしいものだと感じさせることもできるのです。

②リーダー

教師が、王様、ボス、市長などのような権威者を演じると、ドラマのなかに強い焦点が生まれます。権威者役は、子どもたちが体当たりできる対象となるのです。まったく知らないクラスに入る場合、私はいきなりこのリーダー役を演じます。リーダーとの対立場面をつくりだすことによってクラスに緊張感をもたらします。また、この役は、子どもたちの自由な反応の機会を制限してコントロールすることができます。

私は、よくこの役をレッスンの最初に取り入れ、場面を設定します。ときには、

レッスンの最後に入れて子どもたちに自分の考えを述べさせることもあります。この方法がうまくいくのは、子どもたちに意思決定をする力や対立を解決する力が備わっているときです。7歳の子どもたちが王様役の教師に挑みかかり、王様の行いがまちがっていると説得する様子を眺めるのはドキドキする体験です。

③反対する人

　これは、疑問を差しはさむ人、身分の確認を要求する人、権力者に反対する人といった役です。そのような役を教師が演じることで、グループを一つにまとめて権力者に立ち向かえるようにします。私が挑発者を演じることもあります。その際、子どもが自分たちの決定したことを死守するように挑発したり、彼らの自尊心や自負心を刺激して団結心を高めるようにします。

　この「悪魔の代弁者」の役はとても有効ですが、この役を演じる場合には気をつけなければならないことがあります。つまり、子どもたちが無理難題にも耐えて、こうした敵対者と闘い、その結果、よりよい、より強い決断へと到達できるようにするということです。

④もっとも身分の低い人

　子どもたちが権威者や身分の高い役を演じているときには、私は、群衆や村人、船の乗組員、召使いといった人たちの一人になります。身分の低い役を演じると、通常の教師の立場からはできないようなことを子どもたちに体験させることができます。グループの内側から働きかけるときには、これがもっとも有効な方法です。

　私が場をしきる立場から離れると、責任がクラスの全員で共有されます。たとえば、私が助けを求める村人役になるなら、子どもたちの地位は実際の生徒という地位よりもずっと高くなります。教師がどんな役を演じても、ドラマに入るというだけで力関係は変わりますが、身分の低い役を演じると力関係の入れ替わりがもっとも明瞭に現れます。

⑤仲介者

　調停役とも呼べるこの役は、たとえばコンサルタント、情報屋、レポーター、警

察官などを含んでいます。このような役を演じることで、私はクラスのなかの権威的な存在と、低い地位にある者たちを結ぶ位置に立つことができます。子どもたちに必要な情報を与えながら、自分からは次に生じることを決めません。ただ、子どもたちの反応が可能になるように枠組みをつくってやるのです。これは、ロールプレイングに慣れていない人たちにとってはやりやすい役割です。

⑥影の役

　ドロシー・ヒースコートが書いているように、これは実際の役柄とは言えないかもしれませんが、大変有効なものです。教師はドラマのなかに入っていて、村人やコミュニティの一員といった、その他大勢の役を演じます。そして、子どもたちのなかにまぎれ込み、まったく間接的に子どもたちの活動を支えます。教師が演技に没頭しきっていることが、子どもたちには大きな支えとなるのです。

　実は、これは伝統的なドラマ教室で用いられるサイドコーチの役にとてもよく似ています。サイドコーチは、子どもが集中でき、自分の考えを表現できるようにやさしくサポートします。もちろん、この影の役は、ここで述べてきたほかのどの役をやる場合にも併用できます。身分の低い役を演じる教師、情報をもたらす役の教師、以前の似たような対立場面を物語る教師など、どの役にも混ぜあわせることができます。

　ドラマのなかで役を演じることに不安を覚える教師は、権威の低い役を演じてみてください。そうすると、クラスの子どもたちと活動する際にいろいろな選択肢があることを実感することができるでしょう。そして、ただ問いを投げかけるのではなく、子どもたちから確信と気持ちのこもった反応を引きだすような声で問いかけている自分に気づくことでしょう。このとき、あなたはどうやって役を演じるかを説明しているのではなく、それを実際に身をもって示しているのです。これは、私のもっているレパートリーのなかでも一番役に立つ教育方法です。

　大切なので覚えておいてもらいたいのですが、通常のレッスンでは、私はそのときの必要に応じて二つか三つの役を演じます。一つのレッスンを通して、私がたった一つの役しか演じなかったことは一度もありません。それは必要のないことです。

子ども個人やグループに対して使える技法がたくさんあるので、自分を一つの役に縛りつけていてはせっかくの可能性が狭まります。挑発者を演じ、そのあとで村人として影の役を演じたりしながら、子どもたちが展開しようとしていることを励まし支えるのです。

　そして、私はときに教師に戻ることもあります。子どもたちを呼び集めて、ドラマのなかでこれまでに起こったことや、次にどういう方向へすすんでいくのかを話しあうのです。教室の特定の場所にイスを置いておき、教師として話すときはそこに座ります。すると、子どもたちはそこが「先生の席」だとわかります。そして、役を演じるときには、また別の場所へと移動するようにします。

　子どもにドラマの展開をゆだねていくやり方は、権威主義的な教師として教えるよりも私をずいぶん謙虚にしてくれます。そのうえ、子どもたちが演じながら自分たちでドラマを組み立てたり、方向性を見いだしたりしていくのですから、私は演技をしているクラス全体を観察することもできます。これによって、どのように子どもたちが関係しあっているのかを内側から知る機会が得られます。それは、まるで物語を読み聞かせている最中に、突然、子どもの心のなかに入りこむような体験です。子どもが物語の一部になって聞いたり見たりしているものを、その内側から知るのです。

　ロールプレイングの本質は、自分が演じている役柄の内側に入り込み、その人物の見方を自分の見方とし、その人物がドラマのなかの、その緊迫した場面でどう振る舞うのかを想像してみることにあります。

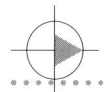

ドラマのなかの出来事を組み立てる

　幸運にも私は、オーストリアでドラマ教育に関心をもっている教師たちにワークショップをする機会をもちました。参加者は、オーストリアをはじめドイツ、ハンガリー、チェコ、スロベニアなどの様々な国から来ていました。セッションがすすむにつれ、参加者たちはドラマのみならずアートに通じた深い教養を示すようにな

り、ドラマ体験は力強いものになりました。

　最初にイアン・ウォーレスの絵本『地底の少年（Boy of the Deeps）』をみんなで取りあげたあと、参加者たちは四つのグループに分かれ、1940年代のアメリカにおける採掘の町を想像してみて、そこでの生活がどのようなものだったのかを検討しました。参加者たちは異なる国から来ているにもかかわらず、ステレオタイプに陥らずに、登場人物の関係を吟味できるような場面や役柄を選びました。私はそれぞれまる1日かけて各グループとかかわり、グループの参加者たちはドラマで演じてみたい役を選びました。各グループのメンバーは即興で役を演じながら、それぞれまったく異なるシナリオをつくりあげましたが、そのような即興はすべて、その町での生活がどんなものだったのかを一人ずつイメージするなかから引きだされたのです。

　最終的に、四つの町はそれぞれ人々が暮らす町らしくなりました。そこに暮らしているのは、学生、10代の若者、鉱夫（現役の人、引退した人、けが人）、未亡人や妻、祖父母、店のオーナーや店員、司祭や牧師、鉱山所有者、ソーシャルワーカー、バーのホステスや客、詩人やジャーナリスト、清掃業者や看護師などです。

　第一グループのドラマは、貧しさにあえぐ鉱夫の家の娘がダンスに行くのに、パーティドレスを着ていきたいという話をめぐるものです。その娘の置かれた状況に対する町の人々の反応を軸に、ドラマが構成されていきました。

『地底の少年』

　1世紀前のイギリスでのことです。炭鉱で働く父親が、息子を一緒に職場に連れていきました。その日は、少年が炭鉱夫として初めて働く日でした。二人は、ほかの炭鉱夫たちとともに地底深く入っていきました。昼になり、二人はお母さんがつくってくれた特別なお弁当を一緒に食べました。二人はそのなかに、お母さんが「お楽しみ」に入れてくれた小さな花を見つけました。そして、彼らは仕事に戻りましたが、炭坑内に閉じ込められてしまいました。どうしても出口が見つかりませんでしたが、最後には息子と父親は救出され、家族に会うことができました。

第二グループでは、一人の鉱夫が事故に見舞われ、保険もないまま長い入院生活を余儀なくされたということを中心にドラマがつくられました。鉱山所有者への抗議はまったく受け入れられなかったのですが、所有者の妻が手を差しのべることで事態が一変しました。

　第三グループのドラマは複雑な内容で、鉱山の町に派遣されることを嫌がり、パリに住むことを夢みている司祭の話です。みじめな境遇に置かれていた障害児との出会いが、この司祭の人生を変えます。

　第四グループの作品は、ヨーロッパからこの鉱山の町に取材にやって来たジャーナリストを中心としています。このジャーナリストは、階級がこの町のあり方を支配しているという困難な状況にぶつかります。

　ドラマのこれらの場面は、どのようにしてつくりだされたのでしょうか？　どのようなプロセスを経て活動が方向づけられ、すすめられていったのでしょうか？　ドラマのなかで物語をつくりあげるのは、まるでレゴを組み立てるような感じで、場面を一つずつ積みあげていく作業です。どんな場面も、前の場面からの刺激を受けて展開していきます。心のなかに、すでに起きたことをとどめておいて、前の場面の出来事やエネルギーをもとに別の場面を始めることができるのです。

　たとえば、鉱山の所有者が鉱夫たちとの関係の難しさを話しているとすると、2、3人の鉱夫がボスからどんな扱いを受けているのかを話します。次の場面では、鉱夫の妻が夫の休日用のシャツにアイロンをかけながら、夫に愚痴を聞いてもらっています。それから次の場面では、いろんな年齢の女たちがキルトづくりの集まりに参加しています。

　私は、注意深く即興のやり取りを聞きながら次の場面に入っていくための糸口を探します。それぞれの場面は幾重にも重なりあって、ドラマは形づくられていきます。すでに見た場面に戻ることも可能ですし、登場人物がちがった見方を打ちだしてもいいのです。役を演じている人が町の生活についてわかってくるにつれて、ドラマの流れにいくつもの意味が重なりあってきます。

　ドラマづくりにおける教師としての私の役割は、以下のような、いくつかの働きを結びあわせたものになります。

①ナレーター

　ナレーターは、これまでにどんなことが起こったのかを語ります。物語が意味を積み重ねていくように、役を演じる人たちに出来事の間の隙間を埋めてもらうように仕向けます。たとえば、こんなナレーションをしてみるのです。

　「この町には、憂うつな日常生活に嫌気がさして、パーティドレスを着たいと夢みる若い女性がいます。しかし、誰も彼女の夢を信じることはありません」

②監督としての教師

　ドラマを演じる人たちに、自分たちの発した言葉や行動がどのような意味をもつのかを考えるように促したり、質問をします。

　「ケガをしたため、あなたや子どもを養うことのできない夫のことをどう思っていますか？　夫に何も言わないでいいのですか？」

③総括者(マネージャー)としての教師

　役を演じる人たちの話しや行動から生まれる短い場面を総括し、別の人たちがその場面に反応できるようにします。

　「教会区民として、司祭が失望感を味わっていることに気づきませんか？　あなたが司祭の家を掃除したときに、司祭から彼が落ち込んでいることについて何か話を聞きませんでしたか？」

④コーチ

　引っ込みがちな人の横や後ろに立ち、アドバイスをしたり簡単な質問をして、演技のなかに入っていけるように助けます。

　「脚を失ったときの事故について話してくれませんか？　誰に助けてもらったのですか？　誰が奥さんに連絡をしてくれたのですか？」

⑤役を演じる人

　ときに町の人として役を演じながら、ほかの人の行動や発言にコメントをしたり質問をします。

「私は、自分の小遣いのなかから教区に寄付をしています。だれかにお金を盗まれたら、たとえそれが子どもに食べさせるためであっても本当に傷つきます。ほかの鉱夫のみなさんはどう思いますか？」

　この会議に集まった教師やアーティストたちは、グループごとにドラマをつくりあげました。相互にやり取りをし、即興の対話をしながらグループのメンバーの力を引きだしていったのです。どのグループも同じ絵本をもとにドラマ活動を始めたのですが、結果として、まったく異なる四つの鉱山の町が表現されました。1日の活動の終わりにもたれた全体の交流の時間には、それぞれのグループのメンバーが自分たちのドラマづくりについて語り、みんな四つのドラマがまったく異なることに驚いていました。
　4日間の集中ワークショップについて少し書いてきましたが、参加者との会話の断片がいまでも私の心のなかに浮かびあがります。そして、私が体験したすべてのレッスンの声と混じりあうのです。私は、いつも本当にいろんな人たちがドラマに参加してくれることに驚いています。そして、物語というプールに深く潜っていく人がいることに感動するのです。
　2005年の夏、イギリスのロンドンで開かれたコースで、私は同じように『地底の少年』を即興劇の材料として用いました。しかし、このときのドラマは、鉱夫の仕事に就こうとしている若者たちをめぐって展開していきました。私たちはPTAの進路相談会を設定し、生徒のうち5人が校長役になり、4人が教師役、そして残りの全員が親役になりました。議論は、大学の奨学金をもらうことができるにもかかわらず、退学を希望する一人の若者を中心に始まりました。役を演じながら生徒たちは、この若者に決断をさせた様々な要因について話しました。
　ここでの登場人物は以下のような人たちです。彼の選択に失望しながらも彼を支持している両親、鉱夫たちの連帯意識を吹聴する鉱夫、16歳で結婚し、それを後悔している妻と後悔していない妻、息子に奨学金を獲得してほしいと思っている母親、村に閉じ込められているように感じ落ち込んでいる母親、子どもの将来をステレオタイプ化して心配している若い両親、そして鉱夫の子どものたち（みんな私の質問に対して、鉱夫とは決して結婚しないと答えました）のためにベストをつくしたと

思っている教師たち。

　ドラマが最高潮に達したのは、一人の母親が軍に入隊する甥の結婚式に列席したときのことを話した場面でした。式にどんな服を着ていったのかと聞かれ、彼女は目を輝かせて答えました。

　「白地に黒の水玉模様のドレスに赤いベルトをしたの。白くて幅広の縁取りのある帽子をかぶり、白い靴をはきました。あの日、私はとてもすてきだったわ！」

　あの地下鉄爆破事件の2日後、ロンドンにいた私たちは、みんなでイメージのなかにつくられた鉱山の町へと移りました。そして、2人の若い女性は現実に起こったことに涙しました。ドラマのなかでは「ふり」は本物になるのです。

ドラマの魔法にかかる

　『金の白鳥（The Golden Swans）』は、タイに古くから伝わる民話です。私が読んだ『金の白鳥』はカーミット・クルーガーによるものですが、彼は2年間、平和部隊のボランティアとしてタイで過ごしたとき、タイの文化に関心をもつようになったのです。この民話は、タイの北部、メコン高原の西の端にある山岳地帯チャイヤプム州（Chaiyaphum）のものです。そこは、たどり着くのが困難なところなので、湖のほとりにあるという白鳥の像を見たことのある人はほとんどいません。

　それはこんな物語です。1世紀も前のこと、村で発生した猛烈な火事によって、住人たちはみんな金の白鳥になってしまったと言い伝えられています。彼らは年に一度だけ、湖を訪れることが許されています。ところが、あるとき、白鳥の物語を知らないよそ者がやって来て白鳥を一羽捕まえると、それは死んでしまったのです。ほかの白鳥は飛び去り、その湖では二度と白鳥を見かけることがなくなりました。そして、村の人々は、その侵入者を捕まえ、罰として大きな白鳥の像を一生かけてつくらせたのです。

　トロントの市街地にある学校の15歳の子どもたち30人と、『金の白鳥』のドラマ

レッスンをやってみました。いろいろとやってみて一番面白かったのは、子どもが鳥のように動くところです。そこでは、バタバタとはためく翼はなく、弱々しい鳥のさえずりさえもなく、ほかの鳥を出し抜こうとする者もいませんでした。男の子も女の子も、みんな自分たちの回転する動きを通して白鳥の動きを感じていました。どうやら、音楽をかけたのも助けになったようです。

そのクラスには、フロイドという17歳の生徒がいました。前歯のない、ネイティブ・カナディアンの少年で、彼は明らかにクラスのリーダーでした。そのフロイドが白鳥の像になったとき、クラス全体の一部になりきっているのを見て印象深く感じました。彼はどのようにして鳥の想いを感じとり、身動きしないで飛ぶ姿を演じることができたのでしょうか？ 『金の白鳥』の話から彼にリアルな感情をもたらしたものは何だったのでしょうか？ それこそが、ドラマのもつ魔力です。誰もが、その魔法にかかるのです。

テーブルの下

ドラマが一人ひとりの子どもに及ぼす影響を常に把握していることは、私には不可能です。言語や思考の発達は、とどまることのないプロセスだからです。この言語や思考の領域における発達を望む人は、辛抱強く時間をかけることが必要です。

ある学校の図書室で6年生の授業をしたときのことです。みんなが部屋に入ってきたとき、一人の少年が部屋の端にあるテーブルの下に寝転がりました。私はこの子どもたちのことをあまり知らなかったので、その子ども抜きでドラマを始めることにしました。まず、ロンダ＆デイヴィッド・アーミテージ作の『ハリスさんの問題（The Trouble with Mr. Harris）』という本を取りあげました。この本は公平な判断に関するもので、問題が起きたときには両方の側を調べてみるべきだ、ということを扱っていました。この本で、私は子どもたちに、従業員、雇用主、そして地域

★4　1960年代のケネディ大統領時代に、アメリカ政府によって東南アジアやインドなど発展途上国の支援のために派遣された人たち。

の人々のもつ責任について考えてほしいと思いました。

　私は本を読み聞かせ、村の集会の場面でストップします。そこには、村の集会場の外に独りぼっちでいるハリスさんが、いかにも寂しそうに描かれていました。それがドラマの引き金になりました。

　みんなのいる図書室に臨時の集会場がつくられました。郵便局長のハリスさんが不公平なことをしたということで、子どもたちは次々と彼がどのようなことをした

『ハリスさんの問題』

　ホッジトンの村の中心は郵便局でした。村人たちは、郵便局に立ち寄っては世間話をしていきました。しかし、大きな町から新しい郵便局長のハリスさんが来ると、それがとたんに変わってしまいました。ハリスさんはいつも忙しく、無用なおしゃべりをする余裕もない町のやり方に染まった人でした。彼はホッジトン村に来ても、いつもせかせかしています。子どもが郵便局で遊んでいたり、郵便物を送るのにグズグズしていたり、まちがった方法で送ろうとすると叱りつけます。人々はしだいに村の郵便局を避け、バスに乗って隣り村の郵便局にまで行くようになりました。ついでにそこで買い物をするので、ホッジトン村の店は流行らなくなってしまいました。

　ホッジトンの住民たちは、ハリスさんに対する不満を募らせ、ついにはハリスさんのことを話しあうために集会を開きました。ハリスさんに対する非難が続出するなか、小さな女の子のエッフィーがハリスさんをかばいます。「ハリスさんは村のやり方に慣れていないだけ。恥ずかしがり屋なだけ」と主張するエフィーを見て、ハリスさんの立場に立って考えていなかった村の人たちは少しきまり悪く思うのでした。

　明くる日、ハリスさんが郵便局の窓から外を見ていると、赤ちゃんを乗せた乳母車が母親の手を離れて転がっていきました。ハリスさんはすぐに飛びだし、人を蹴散らしながら乳母車が車にひかれる寸前に止めることに成功します。この事件を機に、村人たちはハリスさんに対して誤った見方をしていたことに気づきました。そして、ハリスさんが素早く、キビキビしていてよかったと思えるようになったのです。村人たちは、改めてハリスさんを歓迎し、郵便局や村の店は再び活気づいたのでした。

のかを話し始めます。そして、客と郵便局長の両方の視点からハリスさんの行動がチェックされていきます。たとえば、破損した郵便物のこと、小さい子どもたちが外で遊ぶように言われこと、客が並んで待っていても時間通りに郵便局が閉まることなどです。そこには、欲求不満から生じる不公平感が現れていました。そして彼らは、公平な扱いを求めるという点で一つに結びつきました。

　村の人々は、郵便局長を辞めさせるべきだという考えで一致しました。村長はクラス・リーダーであるリックが演じ、私はハリスさんの役を演じます。村長は「申し渡すことがあるので集会に出てくるように」と、ハリスさんを呼びだしました。私は、「村長の決定が告げられる前に村の人たちと話す機会をください」と頼みました。そして、村の人たちに謝って許しを請うたのです。

　ハリスさんを解雇しようとしていた村長のリックは、ことの展開に驚きました。この問題について考え直さなければならなくなったのです。数分間考えたのち、彼は「郵便局長に３週間の猶予を与える。その間に事態を改善するように」と告げました。

　みんなはこの提案に満足しているように見えました。しかし、役から離れて話しあいを始めると、クラスはハリスさんを再び不親切者として糾弾することに決めたのです。彼らは、複雑なシナリオをつくりだしました。つまり、郵便局に一人の子どもが落書きをしたというのです。ハリスさんはその子を叱りつけます。そして、子どもの側は、郵便局長が怒りにまかせて自分を殴ったと訴えるのです。

　みんなで役に戻り、ハリスさんの罪を問う村の集まりが開かれました。しかし、最後には彼が無実であることが明らかになり、「ハリスさんは職にとどまることができる」と村長が宣言したのです。

　クラスは途中で考えを変えたのです。子どもたちは、ハリスさんを直ちに解雇すると決めていたのに、彼の行動の動機が本当はちがうものだったとわかったのです。しかしながら私は、クラスが単純な解決に落ち着くのではなく、ハリスさんのこれからの生活に自分たちの判断がどんな影響を及ぼすのか、そのことに考えめぐらせてほしいと思いました。私はハリスさんの役を演じて、郵便局長の職を辞任すると表明しました。

　「私を信用していない人たちのために、もう働くことはできません」と言ったの

です。そして、私が部屋を出ていこうとしたとき、あの机の下に寝そべっていた子どもが大声で呼び止めたのです。

「ぼくらは、あなたに3週間あげたでしょ。だから、あなたもぼくらに3週間おくれよ。きっと、信用しているってことを証明するから」

私は、聞き手がそれぞれ物語を深く理解していることにいつも驚かされます。そして、物語というプールに一番深く潜るのが誰なのかということについても、いつも驚かされます。

7章

狼少年に会う

ドラマトーク

狼少年の教育

　野性の動物に育てられた子どもや、人間社会から隔離されて育った子どもがいることが、この数百年にわたって報告されています。新聞記事に載っただけのものもありますし、詳しく研究された事例もあります。とくに、ビクター、カスパー・ハウザー、アマラとカマラ、ジェニーのケースがそうです。[1]

　ある夏、問題行動のある4年生の子どもたちを集めたクラスでドラマレッスンをしました。活動の出発点として、ジェイン・ヨーレン作の『ジャングルとの別れ──狼に育てられた少女（Children of the Wolf）』（眞方陽子訳、すぐ書房、1993年）を選びました。子どもたちが私の前に集まってきて絨毯に座ると、教師たちは子どもの後ろに半円状に座りました。まず、子どもたちに聞いてみます。

　「あなたたちは、ジャングルや森の動物に育てられた子どもがいることを知っているかな？　本で読んだり、映画やテレビで観たことがある人はいるかな？」

『ジャングルとの別れ』

　1920年の秋、インド・ゴダームリのジャングルのなか、キリスト教宣教師であり孤児院の院長でもあったウェールズ牧師の率いる一行は、狼の穴のなかに2人の人間の子どもを発見しました。この少女たちは、ウェールズ牧師夫妻の孤児院で育てられることになりました。この孤児院には、モーハンダス、ラーマをはじめとした孤児たちが暮らしていました。モーハンダスは物事をよく考える子どもで、ウェールズ牧師にもらったノートに自分でつくった物語や詩を書き、そしてほかの孤児たちのことを書きとめていました。彼は2人を「アマラ」と「カマラ」と名づけ、彼女たちの世話をして言葉を教えようとしました。アマラとカマラはまるで「動物」のような暮らしぶりで、生肉を食べ、骨をかじり、四つ足で走り、衣服を着ることを嫌がりました。発見からおよそ1年後にアマラは亡くなりましたが、カマラは、その後さらに数年間生き延びました。

クラスの子どもたちは、ターザンやマウグリのことを思い出したり、狼に育てられた子どもがいるという噂を聞いたことがあると言いました。そこで、ドラマの課題を出します。

　「12歳の少年がジャングルに住んでいて、狼の集団に育てられているんだ。私たちは科学者のチームで、この少年を人間らしくする教育プログラムを開発しなくてはならない。4年後、彼が16歳になるまでに文明化させて、普通の生活が送れるように育てるんだ。それが、私たちの任務だ。それではまず、この狼少年にどんな訓練が必要なのかを考えて、それに優先順位をつけてみよう」

　子どもたちは科学者役になり、小グループに分かれて話しあいを始めました。野生児の行動パターンを変えて人間の価値観を教えこもうとするとき、どんな問題に直面するのかを考え始めました。言葉、服装、食事、教育、社会的習慣、情緒的な欲求といった、いろいろな問題に対応する方法が検討されました。そして、グループごとの発表をしました。私は、研究グループの主任という中立的な役を演じます。主任である私とクラスの子どもたちは、発表をしているグループに質問をしたり、アイディアを出したりしました。

　そうこうしているうちに、次第に狼少年が実際に存在するかのように感じられてきました。各グループは、クラス全体の意見を取り入れながら、教育プログラムを手直ししていきます。この段階では、子どもたちは「トーク・イン・ロール（talk in role）」（役になりきって話す）という手法を使っています。

　「1年が経過しました」

　私がこうナレーションを入れると、各グループは狼少年の教育プログラムの進行状況を報告しあいました。面白いことに、自分たちの成果を発表するとき、子どもたちの言葉は劇的に変化していきました。それは、生徒たちが科学者役を真剣に演じていたからです。クリップボードを使ってメモをとり、それを見ながら議論をします。ボディランゲージや言葉の選び方は、聞き手を意識して複雑になり、役柄は力強さを増していきます。ドラマに没頭するにつれて、子どもたちは、自分たちを

★1　野生児について本章との関連で、西平直『教育人間学のために』（東京大学出版会、2005年）、第1章「教育はカマラを幸せにしたか──『狼に育てられた子ども』再考」が参考になる。

その分野の権威ある存在として感じ始めているようでした。

さて、3年が過ぎた時点での研究報告です。最初のグループは、その少年を自由にして家に返してあげるべきだと発表しました。この意見に対しては賛否両論がありました。そこで、私はクラスを賛成組と反対組に分けました。子どもたちの感情は高ぶり、どちらとも決められない子どもたちは二つのグループの中間に立ちました。議論はつづきましたが、真ん中にいる子どもたちは、発言者が変わるたびにその意見につられて揺れているようでした。

やがて帰宅時間になり、スクールバスが到着しました。残念ながら、このドラマは完結しませんでした。しかし担任の教師は、私に手紙を書いて各自の感想を報告するようにと子どもたちを指導してくれました。以下の感想文を読むと、このレッスンで子どもたちがどれほど考えを成長させたのかがわかります。

「狼少年は、やっぱり人間の少年になるべきだと思います」

「考えがすっかり混乱してしまいました。彼が少年になるべきか、狼であるべきかを決められませんでした。すごく難しいです。でも、狼であるべきだと思います」

「狼少年の物語は面白かったです。私が『狼少年に料理を習わせよう』と言ったら、ほかの科学者たちは『狼少年を白い部屋に入れて、どんなふうに生肉を食べるのかを観察しよう』と言いました」

「狼少年の話を聞かせてくれてありがとうございます。科学者をやってみて楽しかったです。彼は狼少年のままでいるべきだと思います。彼に人間社会のことを話しても、見向きもしないのですから」

「とても面白い授業でした。すごく楽しかったです。本当にワクワクしました。学んだこともたくさんあります。素晴らしい経験でした。絶対に、あの日のことは忘れません」

「狼少年に、自分で決めさせてあげましょう」

子どもたちも私も、もちろん実際に狼少年を見たことなどありません。ドラマでも、誰も狼少年を演じませんでした。ドラマのなかでは、彼の姿は必要なかったよ

うです。姿の見えないなかで狼少年について語りあいながら、子どもたちはその存在をつくりだしていったのです。狼少年の生い立ちに共感し、その将来について自信をもって語りあいました。そして、ドラマが進展し、狼少年についての確信が高まるにつれて子どもたちの言語表現はよくなっていったのです。演じているとき、彼らは専門家のマントを身にまとった科学者でした。そして、その科学者たちがドラマの方向を決め、言語表現を上達させていったのです。このようにして子どもたちは、このドラマを自分たちのものにしていったのです。

子どもが知識をつくる

　成績のよい生徒を集めた8年生のクラスでも、同じ物語を使ったことがあります。ヨーレンの小説の表紙を見せて、ドラマの中心テーマを決めました。
　「この少年はいったい何者なのかな？　狼なのか、それとも人間なのかな？　いったい、何をもって人間とみなされるのかな？」
　先の4年生のクラスと同じように、このクラスにも同じ課題を出しました。
　「あなたたちは、狼少年を4年間で文明化しなければなりません。そして、1年ごとに中間報告をするように」と求めました。
　生徒たちは、人類学者や社会学者など、いろいろな学者グループに分かれて様々な可能性を検討し、優先順位をつけ、意見をまとめ、みんなの前で発表をしました。私は、研究グループの主任役をしながら、彼らの報告に基づいて少しずつドラマが深まるように課題を加えていきます。たとえば、狼少年にペット

すぐ書房刊（1993年）の表紙

をつけ、そのペットと仲良くなったとすれば、「人間とならどうだろう？」と課題を出していきます。あるいは、トイレを使えるようになったが、ときどきベッドで大便をするという報告があれば、「次年度までにこの問題はなくなるのですか？」と問いかけます。

3年目の終わりには、狼少年が全国テレビに出演することになりました。科学者たちは、「狼少年がまだ何をやりだすかわからないので、テレビに出演させるのは心配だ」と言います。そのとき私は、「出演させるために薬を飲ませたらどうか」と提案し、みんな同意しました。一人の生徒だけが薬を飲ますやり方に疑問を投げかけましたが、私は即座に「テレビに出演させるなら、それしか方法はないだろう」と強く押してみました。この科学者たちが、倫理的な問題を取りあげるのかどうかを試したのです。結局、彼らは取りあげませんでした。科学者たちのなかに、薬に反対した一人の科学者（生徒）を支持する者は誰もいなかったのです。この倫理的な問題は、あとでふりかえりのときに取りあげることができると思ったので、そのままドラマをつづけることにしました。

ついに、狼少年のテレビ出演のときが来ます。科学者たちによると、彼はいまや「人間」であり、テレビに出て、人々と知的な会話ができるようになったというのです。この出来事のあと、科学者たちは達成感を味わっているようでした。そして、4年目の終わりには、少年から野性的な部分は消え去り、人間の社会に入る用意がととのったのです。この段階で、ドラマを始めたときの問い、「何をもって人間というのか？」が再びもちあがりました。

次のシーンで、私が狼少年の役を引き受けます。外見も行動もまったく文明化した人間になっています。そこで私は、自分の「家族」のもとへ、つまり狼の群れのところへ戻してくれと頼みました。そうすると、科学者である生徒たちは、最初の問いを考え直さなければなりませんでした。「何をもって人間とみなすのか？」、「何をもって狼とみなすのか？」ということです。

彼らは、狼少年を文明社会に適応させるために社会科学の知識を駆使し、自信満々で「プロジェクト・リーダー」のために働いてきました。しかしいま、この少年は、科学者たちが教えた言葉を使って「家に帰りたい」と訴えているのです。「助けてくれる意志のある人は前へすすみ出てくれないか」と、私は頼みます。そして、助

けようとしない科学者たちに、「どうして家へ帰るのを助けてくれないのか？」と一人ずつ尋ねていきました。

　この時点で、緊張感が非常に高まりました。子どもたちは、このとき初めて一個人としてこの少年と向かいあったのです。群れへと戻すのか、それとも人間の社会にとどまらせるのかという決断の重大性に気づき始めたのです。このレッスンでは、ドラマの力が参加者一人ひとりの心に触れたようでした。生徒たちの感じたことは、その言葉、表情、そして演技に表れていました。

　このレッスンのように、専門的な要求を課すことでドラマの場面を引きあげることができます。子どもたちは「専門家」の役だったので、その役にふさわしい専門的な話し方をしました。私はプロジェクトの主任を演じていたので、子どもたちは私のところへ研究成果の報告をしに来ます。その際、研究成果を充分説明できるように言葉の指導をしました。このとき私が重視したのは、語彙の正確さではなく専門家らしい話し方です。また、研究成果を知らない人物に報告をしなくてはならなかったので、子どもたちの専門家としての役柄が高められました。つまり、彼らは求められていた言語レベルに対応する能力を備えていたのです。知識をつくりあげていく役を演じることで、彼らはドラマを学んだばかりでなく、話すということの力を知ったのでした。

話すことで学ぶ

　学校では、子どもが自分で仮説を立てて学ぶ機会がほとんどありません。また、声に出して話しながら考えるような機会もありません。ダグラス・バーンズは、このように手探りをしながら意味を見つけだしていくことを、「探究的な話し方（exploratory talk）」と呼んでいます。この「探究的な話し方」では、しばしば言いよどんだり、言い換えたり、話の始まりをまちがえたり、話の方向が変わったりします。そうしたなかで新しい知識と古い知識が混じりあい、統合されていくのです。

　実際に話しながら学ぶ機会は、どんな言葉のやり取りにも組み入れられるべきで

す。それが、子どもに影響を及ぼすのです。子どもは、「声に出して話す」ことによって新しい考えをつかみ、理解を深めていきます。つまり、「話す」ということが、すでに知っていることと、これから知ろうとしていることの間をつなぐ架け橋になるのです。新しい考えに取り組んでいるときや、新しい理解に到達しようとしているとき、話すことによって私たちの考えや気持ちははっきりします。考えや理解を言葉に表すことができると、今度はそれをふりかえったり、検討したり、変更したりできます。

　言葉はドラマの核心部分です。言葉によってドラマがつくられていくのです。話したり聞く力を育てる学習環境を用意したいなら、ドラマがその最適の方法だといえます。情緒面でも知識面でも、ドラマにどっぷりと浸ることによって様々な言葉の使い方を学ぶことができます。詳しく説明をしたり、交渉をしたり、何かを明確にしたり、説得をしたり、予言をしたりというように、物事を深く考えるときに必要な話し方を子どもから引きだすことができます。

　教授法としてドラマを使うときには、話すことがごく自然にできるような環境を用意する必要があります。そして、子どもの発言が教師に評価されるだけでなく、ほかの子どもたちにも価値あるものとして感じられるような環境が必要です。

　ドラマでは通常のクラスとは異なる役割関係が生まれるので、子どもは自分たちで言動を調整していくことになります。それは、教室にいる全員の言葉遣いに著しい影響を及ぼします。教師の言葉遣いも変わらざるを得ません。教室でドラマを行うことで、多種多様な言語様式がほかのどんな場面よりも効果的に解き放たれます。ドラマのなかで言葉と感情と思考が統合されることによって、子どもたちの言語能力は向上して、自信もついてきます。

　ドラマは活動をともなう「なすこと」による学習方法ですが、同時に意味を生みだす学習方法でもあります。役を演じる参加者として、また観察者として、常にその場面で起こっていることをふりかえるので、子どもは自分の考えや見方を吟味して理解するようになります。そういう作業が、意味を生みだすことになるのです。

　子どもたちには、ドラマのなかで起こっていることがどういう意味を含んでいるのかをよく考えてほしいと思っています。ドロシー・ヒースコートが言うように、「ドラマ活動のなかで、ばったりと本物に出くわす」こと、そして実際に体験をし

て、その体験をふりかえることが大切なのです。ドラマの最中に教師がふりかえりを促すために用いる方法は、子どもたちのドラマ体験をさまたげるものであってはなりません。教師にできるのは、ドラマを枠づけしなおすこと、ある場面で立ち止まらせること、時間の枠組みを変えること、新しい役柄を導入することです。

　ドラマのなかでもちあがった問題について、子どもたちが何を体験し、何を感じとったのかということに関するふりかえりは、ドラマが終わってからすればよいでしょう。ふりかえりの話しあいをすることでドラマの場面を思い出し、自分の考えや観察を再考する機会が得られます。そのとき、子どもたちは声に出して考え始めます。少しずつ形になりつつある考えを表現するために、言葉と取っ組みあいをするのです。声に出しながら自分の意見を明らかにし、そして変えていきます。ドラマのなかでとった行動の動機を説明し始めます。また、自分が言ったことや下した決断の理由や意味を見いだします。ドラマのあとで生まれる思考や言語活動は、ドラマの展開中に起こる学習と同じくらい重要なのです。

　子どもたちは、クラス全体や小グループで話しあったり、個人的に感想を書いたりして、自分たちが行ったことをふりかえります。そのとき、教師が質問を投げかけると子どもたちは考えを深め、ドラマのなかで学んだことを明確にしていきます（ドラマを深く体験した子どもは、ドラマで起こったことについて話しあいをするときも、役から抜けだせないでいる場合があります）。

　子どもたちが送ってくれる手紙を読むことは、私の楽しみでもあります。子どもたちの視点が、ドラマのなかで起こっていたことに対する私自身の認識をしばしば変えてくれます。

　　親愛なるブース先生
　　狼少年の話をやってみて、とても楽しかったです（絶対、本当の話じゃないとわかっていたのですが……）。とても興味深い課題でした。私は恥ずかしがり屋なので、あまり発言をしませんでした。でも、ほかの人の意見を聞きながら、いろんな考えが頭のなかをグルグルと飛び回るのは面白かったです。
　　　　　　　　　　　　　　　　　　　　　　　　　　　　　ジェニファー

もちろん、ふりかえりはずっと先になって起こることがあります。一見関係がないように見える文脈のなかで、ドラマの体験がふと思い出されて考え直すことがあるのです。これは、ギャヴィン・ボルトンの言う「類似によるふりかえり(analogous reflection)」です。これが起こるのは、ドラマのなかで明らかになった点をほかの場面に結びつけてみることができるときです。ドラマをやっていると、教師は年中、こういった学習の転移が起こるのを目の当たりにすることでしょう。

　ある６月の終業式の日、私は弟のジャックが担任をしていた８年生のクラスを訪れました。みんなが帰ったあと、少女が一人教室に戻ってきました。教室の後方にある自分の机に行き、何かを抱える格好をして私たちのほうへ歩いてきました。そして、やわらかい声で弟にこう言ったのです。

　「村のキッチンボールを忘れるところでした。ありがとうございました」

　もうずいぶん前、１月に行った授業がいかに大切なものだったのかを、この少女は先生に伝えておきたかったのでしょう。その授業で、彼女はある部族の女性の役でした。その部族は、新しい住処(すみか)を求めて、住み慣れた土地を離れるかどうかを投票で決めました。彼女の部族は新天地を求めて移住することになり、住み慣れた土地の思い出としてキッチンボールを持っていくことにしたのです。彼女はそれを、終業式の日に先生に返しに来たのです。

8章

うわさは本当？

ストーリーテラーの役割

子どもが物語を話すとき

> 子どもの心には、物語がたくさんつまっています。
> 問題は、あなたに話してくれるかどうかです。
>
> 　　　　　　　　　　ハロルド・ローゼン

「たいてい、どの教室でも一番よく話すのは（どんな話にせよ）教師だ。教師は特権をもっている」と、ローゼンは言います。ローゼンの言う「語り」の定義はとても広いものです。口承文化の伝統に見られる民話や神話や伝説はもちろんのこと、個人的な回想、経験談、逸話も「語り」に入ると言います。そうした物語を生みだすプロセスを、教室に意味をつくりだす方法として活用しようと、ローゼンは提案しているのです。

　数年前、教師を対象とした夏期講習会で、私は絵本作家のビル・マーティンが自作の『お化けの眼をもつ木（The Ghost-Eye Tree）』を朗読するのを聴く機会に恵まれました。この物語では、町の真ん中にお化けの眼をもつ木が描かれています。その木には不思議な力があると言い伝えられていて、子どもが二人、怖がって木のそ

『お化けの眼をもつ木』

　町の中心に生えている一本の謎めいた木は、子どもたちから怖がられていました。ある日、姉弟が母親に言いつけられて、バケツいっぱいの牛乳を町に買いに行きました。二人が「お化けの木」のそばを通りすぎたとき、男の子は帽子をなくします。男の子は姉に、「木が帽子をとった」と言います。姉は勇敢にも「お化けの木」まで戻り、その帽子を見つけます。そして、二人は家まで走って帰りました。

　二人は木に対する恐れを克服したものの、二度とその木のそばを通るまいと誓うのでした。

ばを通りたがらないのです。これはストーリードラマの材料にぴったりだと思ったので、早速、クレイグ・オリファント小学校（Craig Oliphant School）で４年生に読み聞かせることにしました。これは、あるドラマ学会での公開授業でした。

前もって教師たちに一つお願いをしておきました。その前日までに子どもたちを小グループに分け、絵本の物語に加え、話を膨らませる形で怖い伝説をつくりあげ、聞かせておいてほしいと頼んでおいたのです。

当日、子どもと私は怖かった個人的な体験を話しあいました。それからドラマの場面に移り、私が村の学校の新任教師役を演じると、子どもたちはその怖い木の話を私に語ってくれました。ところが、新任教師の私は怖い木の話をあまり信用せず、いちいち疑問を投げかけたのです。話を信じていないようなふりをして、子どもたちの話す内容がどんどん具体的になっていき、広がっていくように仕向けました。

そのうえで私は、「その話がばかげたものであることを証明するために、一晩その木の下で過ごしてみよう」と宣言したのです。すると子どもたちは、過去数年にわたって起こった様々な怖い出来事を話して、木が不思議な力をもっていることをなんとか私に信じ込ませようと必死になりました。しかし、私は断固として「それが単なる噂にすぎないことを証明してみせよう」と言い張ります。

役から離れて、子どもたちは、ドラマのなかでいま起こったことに対して互いの感想を話しあいました。ある女の子は、「次の朝、村の子どもたちがどんなふうに振る舞うだろうか」と感想を述べました。それがクラスで取りあげられ、次の場面でやってみようということになりました。この女の子の問いかけは、彼女の「頭のなか」で「語り」が起こっていたことを示しています。彼女は自分の経験を通して、このドラマの要素をまとめようとしていたのです。

次のシーンは、私が校長先生役になって教室へ入るところから始まりました。私は、新任の先生が学校に来ていないことを告げます。家にも連絡がつかないのです。「どうして彼は来ないんだろう。誰か知りませんか？」と、子どもたちに尋ねました。ところが、誰も反応しません。そこで私は、いったんドラマを止めることにしました。私が、このレッスンをどのように考えているかを説明するためです。それから、クラスは小グループに分かれて、新任の先生が謎の失踪をした理由を考えました。

クラス全体でそれぞれのグループの考えを聞き、さらに話しあってから、次のような説明でみんなが合意に達して、それを村の記録に残しておくことにしました。

　　ブース先生は2年前にその木に登り、落ちて頭を打った。彼が死んだと
　思っている人もいるが、実は記憶喪失に陥っているのだ。

このレッスンをした2年後、クレイグ小学校のある生徒から送られた小包を受け取って驚きました。添えられた手紙には、担任の先生が私の授業のあと生徒に作文を書かせ、その作文を別の授業の新しいドラマのなかに織り込んで使ったことが書かれてありました。つまり、この物語は、この学校のなかで2年間にわたって生きつづけていたのです。最初は、私がストーリーテラーでしたが、子どもたちが自信をつけて語り継いだのです。この物語が、子どもたちの人生のなかでいまも生きつづけていてくれれば、と願います。

『お化けの眼をもつ木』のレッスンで、子どもたちはあらゆる種類の「語り」を体験しました。まず、教師から聞いた物語を語りなおしました。ドラマの参加者として、新任教師が知っておくべき怖い木のことを語り伝えてくれたのです。また、ドラマの場面で何が起こったのかをふりかえって話しあいました。ドラマのなかに入っていたときと、ドラマから離れたときに、自分のなかで何が起こっていたのかも語りました。また、ドラマ体験に刺激されて思い出された個人的な体験談もありました。そして、ドラマでの経験をふりかえり、グループやクラス全体でみんなと一緒に語りあいました。

物語を語る(ストーリーテリング)のは意味を生みだすプロセスです。「意味づくり」はドラマのなかで起こりますが、その外側でも起こります。ふりかえりのときや個別に感想を書くとき、それから学級新聞にグループの記事を書くことによっても「意味づくり」のプロセスが生じるのです。

教師が子どもの前で物語を読み聞かせるよりも、子どもたちがドラマを通して「語り」のスキルを身につけていくことのほうが大切だと私は考えています。つまり、自分が聞いたり読んだりした物語を友だちに語ったり、ドラマに関連する話や派生して生まれてきた話を語るのです。そんなとき子どもたちは、本物のストーリーテ

ラーの声をもって語り始めます。

　そういえば、レッスンをしたときに書き留めておいたメモを読み返していて気づいたことがあります。私はレッスンのなかで、何度も元になる物語を語りなおし、ナレーションを入れ、状況を要約して説明しなおします。また、私の友人にボブ・バートンという完璧なストーリーテラーがいるのですが、彼は何百もの物語を覚えています。彼が言うには、記憶力によってではなくハートで覚えているそうです。そして彼は、「語る」ことによって物語の媒体となります。

　ストーリーテリングには、普通、いくつもの話が折り重なって含まれています。私には何度も声に出して読んだ物語が数多くありますが、ドラマの役を演じると、心のなかで温められているそうした物語が口をついて出てきます。たとえば、ドラマを深める必要があるときや新しい方向を示したいとき、村人が語り伝えてきた幽霊の伝説をもう一度語りなおすことができます。そのなかに、心のなかで温められている物語を一部折り込むです。それはまるで、ドラマレッスン以前に体験した物語を、カプセルに入れて現在のドラマのなかにもち込むようなものです。

　演技のペースを落とすために、子どもたちに語らせることがあります。どういう出来事が起こっていたのかをふりかえらせ、今後どうなっていくのかということに心を配らせるためです。ジョノサン・ニーランズは、これを「演技のなかのストーリー（stories in action）」と呼びます。「演技のなかのストーリー」は、グループの反応とドラマの必要性とから起こってきます。この手法を使うと、ドラマの状況を詳しく描きだしたり、使われている言語レベルを高めたりすることができます。また、ドラマの展開に意味深い膨らみをもたせたり、焦点を与えたりすることもできます。あるいは、「実は、以前こんなことがあって……」というようにして、教師の個人的な逸話をもり込むことも可能です。

　ストーリーテリングを演技のなかに組み入れると、子どもには自分たちがつくりだそうとしているドラマについて考える時間が与えられます。アイディアを演技でやってみせるように要求する代わりに、語りという枠組みを取り入れて、ペアや小グループ、もしくは全体で考えを話しあうのです。

　子どもが役を演じたままでも語れるものには、噂話、昔から伝わる知恵、報告、観察、習慣、習俗、決まり、暗号、比喩、実例などがあります。小グループの活動

に気楽な「語り」を折り込むこともできれば、また全体の場で特定の考えをもつ人たちを説得する、緊迫感のある「語り」を取り入れることもできます。いずれの場合でも、「語り」によって自分の目的を効果的に達成するためにはどのように「語る」必要があるのか、ということを子どもたちは学びとります。これは、子どもにとってとても価値のある創造的な学習体験です。

どこで物語を見つけるの？

「ドラマに使う材料をどこで見つけてくるのか？」と、よく聞かれます。いつも私は「いろんなところから」と答えます。私は国語教師でもあるので、できるだけ多くの活字教材を使おうと思っています。子ども向けの本はたくさんありますが、そのなかでドラマ用の材料として雄弁に語りかけてくる本があります。

とくに、絵本はうまくつくられていて、いろいろな要素が盛り込まれています。子どもたちは絵本のページを何度もめくりながら、そのたびに言葉と絵からたくさんのことを発見します。そのうえ、絵本は声に出して読むことを前提としており、話し言葉で書かれているユニークな教材です。絵本の絵は、本の内容を説明するだけのイラストとはちがって、本の内容を膨らませたり補う働きをします。そして、絵本の場面設定は、めずらしく劇的なものが多く見られます。絵本はどんな年齢の人も惹きつけるので、ドラマをする際の子どもの年齢はとくに重要ではありません。それに、テレビ好きな視覚指向の現代人にとって絵本はあっていると思います。

良質の絵本では、物語とイメージによって子ども自身の経験が呼び起こされます。子どもは、自分の世界と絵本作家が描く世界の間を行ったり来たりしながら新しい意味を見つけていきます。絵本が体験そのものとなるのです。ドラマは、その体験の意味をより深く理解させてくれます。絵本では、絵が眼をひきつけ、文章がイマジネーションを膨らませてくれるので、ドラマのなかで話しあったり理解を深めたりできます。

もう一つドラマに適している材料として民話があります。民話は、ドラマを始

るときの骨組みとして使えます。何代にもわたって、語り部たちによって語りつがれてきた物語に思いを馳せてみてください。そうすれば、民話が私たちの内なる子どもの部分に訴えかけてきます。民話は空想上の人物や出来事を通して、私たちの深い感情を象徴化してみせてくれます。どんなに古い物語であっても、それは考古学上の遺物ではなく生きた話であって、ある時代や文化を身近に感じさせてくれます。語りつがれてきた長い時間を通して、民話はその重みを増していきます。現代の様々な物語も、実はこういった昔の物語の豊かな土壌の上につくられたものなのです。

　小説は複雑な素材ですが、物語の枠組みを取りだして利用することができます。小説は、ドラマ化するには長すぎて複雑すぎます。しかし、そのテーマを取りだし、ドラマを支える枠組みとして使うことができます。子どもたちは、小説の登場人物に対する関心と自分の内面への探究を結びつけながら、自分たちのドラマで起こっている出来事に取り組みます。ボブ・バートンが言うように、「何もないところから計画するよりも、よく知っている本から始め、そのなかにドラマの力を見いだしていく」のです。

アクションで語る

　ダイアン・ウォルクスタインの『赤いライオン（The Red Lion）』という絵本を、公開授業で使ったことがあります。このときの参加者は、8歳の子どもと教師たちです。このドラマで私は、村人と言葉を交わすことができない王子の役を演じました。子どもたちは王子の臣下の役を、教師たちは村人役を演じました。王子が村人と直接言葉を交わすことができないため、臣下の子どもたちが村人と王子の間を行ったり来たりして、言葉を運ぶことになりました。

『赤いライオン』の原書表紙

『赤いライオン』

　昔、勇敢なペルシャの王が死に、息子のアズギッド王子が跡を継ぐことになりました。しかし、王子は代々、王位を継ぐためにライオンのなかでももっとも獰猛な赤いライオンと闘って、勇気があることを示さなくてはならなかったのです。ライオンが怖い王子は、ある晩こっそりと城を逃げだしました。

　馬に乗って旅をしていると、フルートを美しく奏でている羊飼いに会いました。身分を隠し、事情があって追われてきたという王子に、羊飼いは自分のところでゆっくりすればよいとすすめます。美しい谷の光景に心を奪われた王子ですが、夕暮れが近づいたとき「急いで村に戻らなくてはライオンに襲われる」という羊飼いの言葉を聞き、ここにはいられないと馬を先にすすめます。

　まもなく砂漠に出た王子は、アラブ人たちのキャンプに着きます。アラブの族長は身分を隠した王子をもてなし、王子が差しだした宝石も受け取りませんでした。王子は彼らと一緒にいさせてほしいと頼みますが、まもなく戦いを控えた族長は、王子の勇気と力をためすためにライオンが棲む丘に行ってその毛皮を取ってくるようにと言います。その夜、王子はこっそりとキャンプを跡にします。

　さらに草原に出た王子は、立派な赤い王宮を目にします。王宮を訪れた王子はその美しい娘ペリジードを見て恋に落ちますが、そのとき「ウォー」と、あたりを揺るがす咆哮を耳にします。声の主は巨大なライオンでした。怯える王子にペリジードは、「これは番をしてくれるブーラックで、怯えている人しか襲わないから大丈夫よ」と言います。ブーラックは、二度、三度と咆哮を上げます。王子はその意味に気づきます。「おまえはいままで三たび逃げてきたが、どこへ逃げても必ずライオンが待ち受けているぞ」と、その咆哮は言っているのでした。

　翌朝、王子は自分の城に向けて出発しました。赤いライオンと対決する決心をしたのです。戦いの時間になり、王子は競技場に入りました。満員の観客席には、羊飼いも、アラブの族長も、赤い城の主とペリジードも来ていました。ドアが開き、待ち受ける王子の前にライオンが吼えながら飛びかかり、そして子犬のようにじゃれついてきました。それは、飼いならされたライオンだったのです。

　いままで、歴代の王子の前に現れたライオンはみな飼いならされたライオンで、恐怖だけがそのライオンを獰猛なものに見せていたのでした。みんなの前で勇気を示した王子は、王位を継ぎ、ペリジードと結婚して二人で国を賢く治めました。

この国の掟には、「王子は王様になるために、赤いライオンを殺さねばならない」とありました。ところが、王子である私は、この掟に従わなくてもよいと考えていたのです。そして、どうすれば村人たちを納得させることができるかということを、臣下の子どもたちと話しあいました。王子は、伝統に従わずとも自分の信念に基づいて行動すればいいのだ、と言いたかったのです。子どもたちは二人一組で大使になり、村人のところへ説得をしに行くことになりました。

　この村人たちは、王子が伝統に従って赤いライオンを殺さなければならないと頑なに信じています。村人役の教師たちは、「王子様は何を怖がっているのですか？赤いライオンを殺さないなら、どうやって王様としての力を得るのでしょう？」と問いただし、「私たちの王子様は、やはりこの国の掟に従ってくださらねば……」と言い張るのです。

　王子の私は大使たちを呼び集め、村人たちの意見の何が問題なのかを見いだそうとしました。そして、それぞれの大使に特別なバッチをわたしました。このシンボルを身につけることで、大使の力が高められるのです。それから、子どもたちがもう一度村へ出向いていく前に、使命の神聖さを高めるために携えていく巻物が手わたされます。巻物には「内なるライオンを殺して……」という部分だけが読めるようになっています。これにどういう意味があるのかを村人に説明しようと、王子は大使を村へ遣わします。そしてまた、村人の質問や疑いが次のミーティングの場へともち帰られました。

　ここで私は、子どもたちに床の上で仰向けに寝転がって眼を閉じてもらい、ある物語を話しました。それは、とても険しい山奥の深い洞穴のなかで、この巻物が発見されたときの物語です。そして、「巻物には権力をもつ者に向けて特別なメッセージが書かれていた」と語りました。巻物のメッセージは、子どもたちには少し難しいようでした。けれども、子どもに質問をしたり話しあいをするなかで、「良いリーダー」と「悪いリーダー」という概念を吟味することができました。同様に、忠誠、勇気、正直さといった考えも発展させることができました。

　ある村人のグループは、「王子はいままでに、誰かを憎んだり嫉妬したことがあるだろうか？」と尋ねてきました。一人の子どもが、憎しみや嫉妬のような感情が「内なるライオン」だと説明しました。力を善いことのために使うには、人は悪い

性格や欠点を打ち破らねばならないというのです。この概念は8歳の子どもには理解しづらかったかもしれませんが、ドラマを通じて彼らは知性を精いっぱいに引き伸ばし、手の届かないところにある何かをつかみ取ろうとしました。ライオンを殺すという出発点から考えると、たいへんな進歩です。

　別のクラスでこのレッスンをしたときには、巻物は使いませんでした。そのクラスの子どもたちは、王子がライオンと闘うことを拒否する理由を手紙に書いて、村人のもとに持っていくことにしました。彼らは魔法や祈りをもり込んで、面白い工夫をこらしました。夢から現れた代理の王子と代理のライオンを立てて、その王子とライオンがスローモーションで闘うのです。その闘いのシーンは、子どもたちの心に強烈に焼きつく大切な瞬間でした。こうして夢の場面を描くことで、血なまぐささを求める衝動は満たされたのです。彼らの物語では、王子はライオンを殺さずにすみ、ライオンも死なずにすみました。

　こういうエネルギーに満ちあふれたストーリーが生まれてくることを、私は願っています。言葉の届かない奥底からアイディアがわき起こってくるのです。私が何度も使う本には、洞窟や影、隠れたトンネル、奇妙な場所からわきだす泉などが豊富に出てきます。外見とは全然ちがう内なる顔をもつ登場人物や、私たちに疑いや驚きや悲しみの気持ちを引き起こす人物に満ちあふれています。ドラマに必要な物語というのは、ドラマに気のない子どもをいきなりその真ん中に引っ張りこみ、突然やる気にさせ、赤いライオンから逃げだすことのない王子に変える、そういった物語なのです。

　ドラマ教師である私にとっては、そういう物語こそが私の物語であり、それが私のドラマとなるのです。子どもたちがつくりだした話は、本のページとページの間に横たわっています。私が本を開けて作者の言葉を読もうとするたびに、いろんなクラスの面影がページの間から甦ってきます。

9章

騎士を生きる

ストーリードラマを通した言語の成長

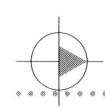

中世の物語

　トロントのあるオルタナティブ学校[★1]で、7歳から10歳の生徒たちとドラマレッスンをしたときのことです。「中世の騎士」をテーマにしてほしいと、その学校の先生から頼まれました。そこでまず、「騎士」という言葉の意味を考えてもらうことにしました。このレッスンでは、ドナルド・カリックの『ハロルドと巨大な騎士（Harold and the Giant Knight）』という中世を舞台とした物語を用いましたが、その内容はこういうものです。

　男爵に雇われている騎士たちがいつも訓練をしている広場が洪水で水浸しになってしまったので、騎士たちはハロルドの農場を春の間召しあげて、そこで練習を始めます。騎士たちが農作物を踏みつけて家畜を食い散らすので、ハロルドは「騎士精神」とは何たるかに疑問を抱くのです。

　トニー・グーデという、イギリスから来ていたゲストの教師に男爵役をしてもらうことにしました。中世の騎士に関する知識をもったトニーがドラマに参加することで、歴史的な情報がたくさんドラマに流れ込み、子どもたちが存分に「体あたりできる」相手になってくれるだろうと考えたのです。

　この学校の子どもたちは、高い言語能力をもっているようでした。私はまず、クラス全体にこの本を読み聞かせました。ところどころで止まり、子どもたちと一緒に挿絵を吟味します。そして、物語に出てくる騎士たちの背景について子どもから質問を引きだしていきました。この時点で、彼らは次のように物語を把握していました。

　「ある春、騎士たちは地元の農家の土地で練習を行いました。農民たちは、ひどい被害を受けてとても不満でした。中世の農民は土地の所有権をもっておらず、採れた作物で領主に小作料を払っていたのです」

　最初のシーンで、男爵（ゲスト教師のトニー）が子どもたちの演じる小作農民に

会うことになりました。小作農民たちが、騎士によって受けた被害を訴えます。農民たちは三人一組のグループになり、どれほどの被害にあったのかをタブローによって表現しました。しかし、男爵はこう答えるのです。

「騎士というのは金目当ての傭兵だ。それに、彼らがいないと、われわれを守ってくれる者が誰もいなくなるんだぞ。おまえたちも、騎士を大切に扱わないといけないんだ」

　子どもたちは、騎士の無謀さに憤慨していました。そこで私は、騎士たちが農作物を荒らす前に、村のみんなで食料の作物を集めて隠すシーンを演じてみようと提案します。このとき私の役割は観察者に近いものでしたが、それでも想像力を喚起するような言葉かけをし、具体的な時間と空間をつくっていくことができました。持ち寄った作物を子どもたちがパントマイムで表現していくにつれて、私は子どもたち一人ひとりのことがわかり始めました。そして少しずつ、教室の空間を通して中世の世界を子どもたちに感じとらせたのです。私たちは洞窟のなかに座り、それぞれが持ってきた物をパントマイムで演じます。

　生徒たちは、身分差のある役に入り込んでいきます。ゲスト参加のトニー・グーデはイギリスなまりで話したので初めは笑いが起こりましたが、やがて生徒たちはドラマに引き込まれていきます。それは、トニーの教師としての力量にもよりますが、役柄に徹した彼の姿が影響を与えたのです。

　子どもたちの言葉遣いから、彼らがどの程度ドラマに入り込んでいるのかがわかりました。ドラマを信じる気持ちが強くなったり弱まったりするたびに、子どもの言葉は揺れ動きました。授業の終わりには、もともとの物語はどこかへ行ってしまったかのようでしたが、最後にもう一度『ハロルドと巨大な騎士』を読み聞かせると、ピタッと適切な場所に収まった感じがしました。

　ストーリードラマでは、子どもが自分たちの物語をドラマのなかでつくりあげていきます。このレッスンの場合、「騎士」という概念が元の本とはまったく異なる形で探究されていきました。私は、子どもが「騎士」という言葉を、より大きな枠

★1　トロント市では、公立学校（小学校から高校まで）の一部がオルタナティブ学校としてそれぞれ独自のカリキュラムをもって運営されている。

9章　騎士を生きる──ストーリードラマを通した言語の成長

表2　ストーリードラマ『ハロルドと巨大な騎士』

ブース	いまからドラマが始まります。みんな洞窟にやって来て対策を練ろう。男爵のところへ訴えに行ったほうがいいだろうか？　男爵について何か知っている人はいるかな？	教師による指示
生徒	（男爵の力についての一般的なコメントがつづく）	役を通しての話しあい
生徒	男爵は土地を全部所有していて、おれたちが小作料を払っている。いくら払っても、男爵は満足してないようだ。	状況描写と情報提供
ブース	ある村では、男爵のせいで村人たちが死んだという噂を聞いたことがある。	話題の展開
生徒	おれたちが生き延びるために野生のブルーベリーを摘んだら、男爵は禁じるだろうか？	明確化
生徒	いずれにしても、このまま洞窟に住みつづけるわけにはいかない。それに、これ以上男爵の領地の小屋に住むこともできない。	焦点を明らかにする。
生徒	食べ物が全部なくなったら、この洞窟のなかで生きていけるわけないよ。	前者の発言を支持
ブース	みんなで男爵に会いに行ったら、皆殺しになるだろうか？	教師による組み立て
生徒	忍び込むか、スパイを送ることはできるかもしれない。	問題解決
ブース	子どもを送り込むのはどうだろう。男爵も、子どもを傷つけるようなことはしないだろう。	推測
	（騎士のような服装をするとか、変装をするとかいうことが話しあわれる。別の提案も出てくるが、クラスによって否定される）	一般的な討論（役になったり、役から離れて）
生徒	男爵を殺してしまえば？	提案
生徒	部下たちが僕らを殺すだけじゃないか。ばか。	言い争い
ブース	じゃあ、とりあえず男爵に会いに行こう。で、向こうがどう出てくるか見てみようじゃないか。男爵に訴えるチャンスがあるかもしれない。彼を脅かさないように気をつけろ。みんな、短気を起こさないように我慢するんだ。	教師による組み立て
男爵	いいぞ、そいつを突き倒したら、押さえ込むんだ。ところで、そこにいるおまえたちは何者だ？	ゲスト教師が役を演じる。
生徒	農民です。馬上槍のトーナメントを見ているだけです。	陳述する。
男爵	それなら、邪魔にならぬよう気をつけたまえ。	緊張を加える。
男爵	危ない！　デーグルさん、気をつけたまえ。おまえたち、どうしてわしをじっと見ているのだ？	対峙する。
ブース	いえ、これまで、私たちの畑で騎士がどんな訓練をしているか見たことがなかったもんで。	明確化
生徒	ああ、騎士のせいで、畑がメチャメチャです。	批判
生徒	騎士たちは果物の木を切り倒し、食べ物を盗むのです。	情報を与える。
男爵	まさか、わしの騎士たちを非難しているのではあるまいな。	対峙する。
生徒	非難しているのです。	立場を明らかにする。

組みのなかでとらえるようにすることが大切だと感じました。子どもが自分たちの行動の結果を予測できそうにないときには、私が何かの役を演じて参加することでドラマに焦点を取り戻すように働きかけました。

　男爵の立場や、騎士による殺しあいの社会的背景を理解することは彼らにとって大切な点でした。私の暫定的な提案はたびたび拒否されました。村人たちが短絡的に騎士を受け入れてしまわないように、ゆっくりと時間をかけさせました。そうやって時間をかけるうちに、生徒たちは中世という社会の全体像をつかみ始めました。

　男爵と騎士の役から離れたところで行われた話しあいでは、くだけた言葉が使われ、役への関心も低いものでした。生徒たちの思考や言語反応を刺激するには、ドラマの場面での男爵や騎士との間の緊張関係が必要だったのです。もちろん、すべての子どもが力強い言葉をいつも使っていたわけではありません。しかし、みんながドラマに没頭して、感情を込めて耳を傾けて観察している瞬間がたびたびありました。

　ドラマの最後で即興的に起こったのですが、村人たちが宣誓を述べる場面がありました。その瞬間は、緊迫感にあふれていました。教師から与えられた言葉を繰り返すだけだったにもかかわらず、生徒たちは深く役に入り込み、彼らの気持ちが質の高い言葉になって表現されました。言葉が、彼らのものになったのです。

　子どもたちができるだけ早くドラマの主導権を握って言葉が自然にあふれ出てくるようにもっていくことが、教師としての私の務めだと考えています。そして、いつ身を引き、いつ介入すべきかを見極めることも大切です。

　ストーリードラマにおいて物語の理解度やドラマの効果を評価するには、子どもたちの使う言葉が一番よい指標となります。次に紹介する手紙や日記からは、子どもたちの用いる言葉と思考がいかに豊かなものになりうるかがわかります。

　　殿下
　　騎士たちに、私たちの農場から出ていくように言ってください。私たち農民は作物を育てて、あなた様に納めればなりません。ところが、畑では騎士たちが木々をすべて切り倒しているのです。

　　　　　　　　　　　　　　　　　　　　　　　　あなたのしもべ
　　　　　　　　　　　　　　　　　　　　　　　　デイヴィッド・R

国王陛下

　私は重大な問題を抱えております。そして、あなた様にそれを解決してくださるようにお願い申しあげます。その問題というのは、作物が騎士たちによって踏み荒らされていることです。どうか、私たちを助けてくださいませ。騎士が馬に乗って、畑を踏み荒らしているのです。お願い申しあげます。

あなた様の忠実な果樹園の農民アマンダより

　今日、私は特別な理由があって「円卓の騎士[★2]」を呼びだしました。この勇士たちに難題をもちかけましたが、彼らは実に勇敢でした。暗黒の世界にあってもロウソクの灯を吹き消したのですから。騎士たちは教訓を残していきました。それは、愛の贈り物でした。初め私は、この愛の贈り物を理解できませんでしたが、彼らは、愛とは何なのかを様々な方法で示していたのです。彼らは、まず真紅のバラを持ってきました。それを受け取りたくなかったのですが、そのバラがあまりにも美しかったため拒否することができませんでした。それから、青いバラを受け取りました。真紅のバラは「愛」を意味し、青いバラは「憎しみ」を意味します。そして、彼らは白い子猫を持ってきました。私は拒否しました。「私には黒猫がいるので白猫はいりません。この黒猫が人生の道連れなのです」と言いました。

　私はその場を立ち去りました。そして、呼ばれたわけではないのですが、再び戻ってきました。私の黒猫がいなくなったからです。彼らが、私の黒猫を傷つけようとしていました。黒猫が捕まったのです。騎士たちは、私が黒猫を愛していて、あまりにも強く執着しているために、悲しみにくれることになるだろうと告げました。猫を返してくれたら、あなた方の愛するものを傷つけない、と私は約束しました。すると、彼らは黒猫を返してくれました。

　私は、これを魔法の小部屋で書いています。誰かこの日記を読んだなら、魔法使いの仲間たちへのメッセージを記しておくので伝えてください。そのメッセージとは、「愛の贈り物は美しい。愛することを学べば、愛とともに生きていくことができる」というものです。

マリオン

自分の言ったことが聞こえた？

　ドラマでは、子どもたちは語りながら空想の世界に入っていきます。そして、相手から跳ね返ってくる言葉を聞いて自分の話の内容や態度を練りなおし、焦点を調整しなおします。自分の思い描いている世界を、それとはちがう世界を信じている人たちに伝えていく必要性に気づくのです。つまり、子どもたちの言葉が実際に力を発揮するのです。自分の発する言葉が思考のなかへと押し寄せます。彼らが言葉の真の力を認識すると、言葉は新たなパターンへと変化していきます。自分の言葉が演技を決定していき、言葉の影響を目の当たりにします。こういうことが、ドラマの真っただ中で起こります。子どもたちが台風の眼のなかにいるときに起こるのです。

　ドラマのなかで学びが生じるのは、ドラマに実際に巻き込まれているときです。生徒はそれに参加する者として、地に足をつけて考えるようになるのです。教師として私は、何か意義のあることが学べるような領域へと生徒たちを導いていこうとします。ドラマをつくりあげている彼らの役柄を損なうことなく、その上に積みあげていけるように導くのです。演技のスタイルや方法やアクティヴィティに関しては私が決めることもできますが、それはあくまでも、そのシーンにおける生徒のニーズを理解したうえでのことです。

　話しあいの内容だけでなく、ドラマで使われる言葉遣いに注意を向けさせようと試みることがあります。また、コミュニケーションの方法を変えることもあります。たとえば、その方法には、議論、質問、説得、報告、説明、話しあい、ふりかえりなどがあります。

　ドラマが深まるほど、言語能力の発達の可能性が開かれていきます。私にできるのは、枠や制限を課して意思決定を促したり、可能な選択の幅を広げることによっ

★2　アーサー王に仕えた12人の騎士たちを「円卓の騎士」という。主君と家来の関係を隔てないように騎士たちは円卓を囲み、アーサー王への忠誠を誓った。その円卓をつくったのが魔術師マーリンだと言われている。

て、子どもがその状況に対処していけるようにすることです。

　私が役を演じてクラスの一員になるときには、教室内のコミュニケーションの統制パターンを変えることができます。通常、教室では、教師が指導者や管理者という社会的立場から「語り」を統制しますが、ドラマではその展開に応じて誰が「語り」をコントロールするかが決まります。ドラマの動きのなかで、普通の教室とは異なるコミュニケーション・パターンが生まれるのです。

　このような体験をすると、子どもたちは、どういう文脈ではどういう言葉遣いがふさわしいのかを理解していきます。このようにして、子どもはその知識を再構築していくことができます。子どもは、次々と起こる出来事に影響を与えながら自分の学びに責任をもち始めます。そうなると、子どもと私はドラマ枠組みのなかで互いの関係を見定めていきます。ときには、子どもたちが自発的に状況を動かし始め、いつもと異なる言葉を試し始めます。そのとき、コミュニケーションの主導権は子どもの手のなかにあり、どういう言葉遣いが適切かという点に関しても、彼らのほうが決定する力をもち始めます。

「ふりをする」から「なりきる」へ

　ドラマに対する言葉の影響力を思い知ったのは、7年生から13年生までの生徒150人と、40人の教師が参加した一連のドラマ・ワークショップのときです。このワークショップにおける私の担当は、カナダ建国150周年祝賀祭を主題にしたドラマづくりで、午後の時間があてられていました。

　言うまでもなく、参加者に「自分たちの歴史をもっと大切にしよう」と語りかけるだけでは充分ではありません。そこで、ドラマのなかで自分たちの歴史の意味を味わってもらえれば、と考えました。建国150周年というテーマを紹介したのち、参加者たちを小グループに分け、コーラス、ムーブメント、音楽、舞台デザインなどに分かれて準備をしてもらうことにしました。そのあとで、グループ全体が集まって即興でドラマを行うのです。

舞台デザインのグループは、銀紙やプラスチックの板や電球を使って会議室を近未来的で奇抜な監獄へとつくり変えました。ほかの生徒たちがその一変した空間のなかへ入ってくると、彼らはすでにドラマのなかにいるという仕掛けです。
　さて、そのとき、私は役を演じて宣告します。
　「君たちは囚人だ！　カナダの歴史の汚点がすべて清算され、偏見や過去の忌まわしい同盟関係がなくなり、完全に自由な国家を新しく建国できるまで、君たちはここに囚われる」
　ドラマがすすむにつれて、一番強烈に変化したのは言語でした。ある生徒は、この体験を次のように述べています。

　　「いやだ！　こんな扱いはごめんだ！」と、ある勇敢な囚人が怖がったふりをして叫びました。「こんな、ばかばかしい脅しは通用しないぞ」と叫びました。しかし、すぐに無情な監視人がこの餌食を見つけだし、尋問をして黙らせてしまったのです。力に圧倒された者もいましたが、私たちは立ち向かいました。私たちの歴史がかかっていたからです。
　　この午後、囚人になったことは光栄なことでした……。
　　張りつめた雰囲気のなか、気持ちは一つにまとまり、裁判に勝利しようと私たちは突然歌いだしました。最後に囚人が二人立ち上がり、役を演じながら国歌の『オー・カナダ（O Canada）』を歌うように誘ったのでした。この即興ドラマはいい形で終わりました。このときの国歌は、いつも学校の朝礼で１分半にわたって歌うこと以上の意味がありました。満足できる結末でしたし、創造性を共有した楽しい１日でした。

　この生徒は、自分自身と他の人々の態度が変化するのを目の当たりにしたのです。それは、使われた言葉のちがいに表れています。彼女はレッスンの初めにあがった叫びについて、「怖がったふりをして」と述べています。私も同じように感じました。それは「ふり」だったのです。
　年長の生徒たちは、架空の状況を受け入れて、溶け込めない気持ちを棚上げするのに時間がかかりました。しかし、演技がすすんでいくにつれて、声の調子や話さ

れる構文、そして声量が変化し始めました。その場の感情に突き動かされて、言葉に力が入っていくにつれて彼らの話は深まったのです。生徒たちは、自分の国の歴史には意味がないと言われているように感じて腹を立てて抗議しました。私が役を演じて、すべての忌まわしい歴史を消し去るように要求しつづけると、彼らは逆に自分たちの歴史を守ろうと私に反抗したのです。彼らが『オー・カナダ』を歌ったとき、私はドラマを締めくくりました。彼らが勝ったのです。

　参加者たちは、国歌の歌詞を使って自分たちの闘争を支えました。その歌詞を、自分たちのものにしたのです。

10章

バッファローがいなくなるとき

考えることを励ます

バッファローをどこに隠そうか？

　サマースクールのアートコースにいた小学4、5、6年生が、大学院でドラマコースを履修している教師たちと一緒にドラマレッスンに参加してくれたことがあります。そのときのドラマの設定はこういうものでした。

　ある北米の先住民の部族が、残り少なくなったバッファローを近くの部族に分け与えるかどうかという決断を迫られています。ドラマの材料になったのは、ポール・ゴーブル作の『鉄の馬（The Iron Horse)』です。

　この話を読み聞かせたあと、子どもたちに次のような場面をイメージしてもらいました。白人のハンターは先住民にとってバッファローがどれほど大切なのかを知らず、全滅させるような勢いでバッファロー狩りをしていました。そういう白人のハンターにとって、汽車の窓からバッファローの群れを撃つのはスポーツにすぎなかったのです。

　教師たちとゲストの子どもたちは、まずバッファローになります。私がタンバリンを静かに叩くと、バッファローたちは穏やかに草を食みます。ところが、やがてタンバリンの音が迫りくる危険を告げると、彼らはいっせいに逃げだします。群れになった彼らが走りまわると、雷が轟くような音がしました。そして、私がタンバリンでライフルの音を叩きだします。

『鉄の馬』の原書表紙

「ババババアーン！　ババババアーン！」

　年老いたバッファローは一頭また一頭と撃たれていき、ついに全滅します。

　大人たちが床にじっと横たわっている間、私は子どもたちと、バッファローを生活の糧にしている先住民がこの殺戮をどのように感じただろ

うか、ということについて話しあいました。先住民がバッファローを神聖なものと見なしていたのに対して、入植者たちがバッファローを無残にも殺してしまったことに子どもたちは失望の念を表しました。それから、子どもたちは先住民の役になりました。来たる冬に凍えたり餓死したりしないように生き残ったバッファローをまとめ、どこかに隠すことにしたのです。

　私はナレーター役になって、次のように語りました。

　「バッファローを隠した。このことは、われわれ以外誰も知らない。われわれだ

『鉄の馬』

　昔、昔、シャイアン族のある預言者は、東から大群をなしてやって来る毛むくじゃらの人たちが、自分たちやバッファローを殺し、母なる大地を引き裂いて鉄の枷(かせ)で縛りつけてしまうという夢を見ました。その後、本当に東から白い人たちがやって来ました。白人たちは大地を独り占めにしようとし、一族のキャンプを焼き払って女や子どもを殺しました。

　シャイアン族の人たちは、自分たちと母なる大地を守るために果敢に戦いながらも怯えて暮らすようになりました。ある日、彼らは「黒い煙を吐き、雷の声をもった鉄の馬」が彼らのほうに向かってくるという知らせを聞きます。恐怖におののく人々を守るために、一族の若い男たちはこっそりと「鉄の馬」の退治に出かけることにしました。

　丸一日、馬を走らせると、彼方に風と逆行して動いてくる奇妙な煙が見え、やがて視界から去りました。あれが「鉄の馬」にちがいないと思った彼らは、「鉄の馬」がどのような足跡を残しているかを見に行きます。そこで彼らが目にしたものは、預言者がかつて夢に見たような大地を縛りつける鉄の枷でした。彼らは、母なる大地を解き放つために鉄の枷、すなわち線路をはずしました。

　夜が明け、鉄の馬が草原の向こうから走ってきます。男たちは弓を射り、エンジンに向かってロープを投げかけます。突然、機関車は宙に舞い、轟音(ごうおん)を立てて重なりあって地面に倒れます。「鉄の馬をしとめた」男たちは、その残骸のなかから鍋や食器、ナイフ、洋服、望遠鏡、毛布、食べ物などの宝を見つけます。彼らはきれいな布をはためかせながら、草原を駆って自分たちの勝利を喜ぶのでした。

けが群れの居場所を知っている。でも、ほかの部族も食糧を必要としていないだろうか？　この大人たちがその部族の役だ。彼らはこの平原に住む別の部族で、彼らのバッファローは白人ハンターによって皆殺しにされたのだ。新たな群れを育てあげるためにはバッファローが必要だ。しかし、われわれのバッファローを100頭差し出してしまったら、今度はこっちが群れを育てられなくなる」

　クラスは二つの部族に分かれました。バッファローを失ってしまった部族（大人たちのグループ）と、バッファローを隠している部族（子どもたちのグループ）です。ドラマのなかで大人たちは、子どもたちにバッファローを分けてくれるように説得しなくてはなりません。私はナレーターとなって、問題と葛藤を含んだ状況を示したのです。
　「何故、私たちのバッファローをあげないといけないのだろう？　私たちだって、生き残るためにバッファローが100頭必要なのに……」
　ある女の子は、このジレンマを次のように記しています。

　　もう一つの部族は信用できません。助けるべきではないと思います。私たちはバッファローの狩猟期に食糧を確保しようと狩りをしたのに、彼らはしなかったのです。いまになって、私たちの食糧をほしがるなんて。もし、私たちに充分な食糧があるなら助けるべきだと思います。でも、両方の部族に足るだけのバッファローがいないのだから、彼らを助けることはできません。どちらの部族が生き残るかということが問題なのであれば、当然、冬が訪れる前にバッファロー狩りをした私たちの部族が生き残るべきだと思います。ほかの部族が死ぬのを見るのはつらいけれど、私たちだって、助けられるものなら助けていました。しかし、ほかの獲物を狩ることにして、両方の部族が協力したら、もっとたくさんの狩りが早くできるかもしれません。

　ここで私は、問題を明確にするために介入しました。どのような解決策が考えられるかを子どもたちに尋ねてみました。バッファローを隠しているグループの女の子たちは、ほかの部族の飢えている人たちには食糧を、そして病気になっている人

たちには薬を持っていこうと言いました。男の子たちは、バッファローを手放さないように、と主張します。手放してしまうと群れが徐々に減って、ついにはいなくなってしまうからです。そこで女の子たちは、自分たちの家族が蓄えていたわずかばかりのトウモロコシを持っていって分け与えることにしました。男の子たちはもう一方の部族を信用しておらず、自分たちの食糧を分け与えたことに腹を立てます。そこで私は、ある秘密を明らかにします。

「実は、バッファローがどこに隠されているのかを知っているのは部族の女だけで、男たちは知らないのだ」と。

バッファローをもつ部族のリーダーたちは、もう一方のグループと交渉するために何度も行き来をしましたが、結局、彼らは生き残るために、「隠されたバッファローは自分たちだけのものだ」と主張しつづけました。

授業時間が終わっても、子どもたちはまだ問題を解決していませんでした。そこで、私は役から離れてドラマのまとめをすることにしました。

「これは、子孫代々のためにバッファローの群れを守りぬく知恵をもった部族の物語だ。自分たちの子どもに与える量を減らしてまで、食糧を必要としている人たちに分け与えた女たちがいる部族の物語だ。この部族は、重荷となる宝物をもっている。宝物が君たちの未来を開いてくれるが、同時に、君たちは重荷を背負わされているのだ」と。

以下は、参加していたある教師のコメントです。

　　このなかで注目すべきことは、デイヴィッド（ブース）先生が常に子どもの反応に基づいてドラマを展開させていったことです。だから、物語が子どもたちのものになったのです。たとえば、生徒たちはダンスで表現することに決め、女の子は食糧を分け与えることにしました。デイヴィッド先生自身がドラマの方向を「決めた」のは、たった一度だけでした。それは「隠されたバッファローがまだいる」と言ったときで、これはドラマを進行させるために不可欠な介入でした。

　　それ以外のときは、デイヴィッド先生はドラマの一員として参加していました。たいへん面白かったのは、彼が部族の一員を演じて、食糧を分け与えた女

の子たちを非難したときでした。

「おまえたちが奴らに食糧を半分やったせいで、いまや一家族分の食糧しか残っていないじゃないか。自分の部族を危機にさらすつもりか」と。

そして、一人の女の子を「スパイ」だと非難し、「食糧を分け与えに行ったときに、ほかの女の子たちも秘密を漏らしたかもしれない」と言ったのです。

デイヴィッド先生のこの発言にはいくつかの目的がありました。食糧を管理する者の責任と、その行為が引き起こす結果を深く考えさせるという目的です。その女の子と彼女に賛同した子どもたちは、その役割がどのような意味をもつのかをすぐに感じ取りました。彼女たちのドラマへの没頭と熱意、そして演技はぐっと深まりました。このように内的葛藤が加わったことでドラマはより内容の濃いものとなり、この複雑な問題に対して短絡的な解決法を超えた模索がなされたのです。

担任のアリステア・マーティン＝スミス先生と子どもたちは、その後もレッスンをつづけ、この問題の解決策を探りました。そのなかで彼らは、もう一方の部族とともに旅をして、白人の入植者に絶対に見つからないバッファローの隠し場所を探すことにしました。

彼らは旅をともにするなかで、立ちはだかる苦難をともに味わい、互いを信頼することを学びました。そして、いつの日か故郷に戻ることができるように旅の行程を地図に描きました。また、自分の名前の由来を書きだして、それらにまつわる物語も共有しました。

ドラマでは、個人的な反応が直接言葉になって生徒たちから引きだされました。ある女の子はバッファローの殺戮(さつりく)を今日のカモ猟に重ねあわせて考えましたし、ある男の子は、当時の人々にはビデオなどの娯楽がなかったので殺戮を遊びとしたのだ、と主張しました。別の女の子は、過去の人間の過ちと現在の人間の過ちを比較しました。どの生徒も、「現在、人と自然の関係はどうなっているだろうか？」と考えをめぐらせたにちがいありません。デイヴィッド先生が、「牛や牛乳について何か知っていることはありますか？」と子どもたち

に尋ねたときに、それが明らかになりました。動物について知っている子どもは、明らかにあまりいませんでした。

　非言語的なレベルでは、生徒たちは忠誠心（仲間対個人）や殺戮の動機（狩猟以外も含めて）について考え、それから科学技術（マスケット銃）に脅かされながら生き延びようとすることについて考えるように導かれました。「群れが抹殺されて、もう存在しない」という状況から生命の尊さに思いを馳せ、先住民の気高さに対して尊敬の念が高まったかもしれません。

　このドラマでは、生存するための現実的な選択肢を考えさせられました。「われわれ」の利益や存続につながる生き方を選ぶのか？　それが「彼ら」の存在を否定することになるとしたらどうするのか？　自分たちが直面しているジレンマを解決してくれる英雄がドラマのなかで出現する可能性はあるのだろうか？　生徒たちは具体的な疑問から普遍的なテーマへと視野を広げて、感情と思考を深めながら探究をすすめました。

演じながら考える

　現代の教育は、子どもの思考面の発達を重視しています。どの指導要領を見ても、この原則を中心にすえているようです。どんな教師向けワークショップも、何らかの形で子どもの認知的発達を促進する方法を扱っています。ところが、ドラマレッスンは学習の「情緒面」に大きな比重を置いているので、こんな疑問が生じるにちがいありません。

- ドラマの授業では、勉強のように思考を用いたり、思考力を養う余地はあるのだろうか？
- 勉強中心のカリキュラムのなかに、ドラマをうまく組み入れることができるのだろうか？
- ドラマは、思考力を深めていく学習の基礎となりうるのだろうか？

これまで、芸術系の科目は単に情緒面の発達とだけ結びつけられることがしばしばでした。しかし、あらゆる学習に認知面の発達がかかわっているはずですし、またそうでなくてはなりません。

　いままで見てきたように、ドラマのなかでは子どもたちの創意工夫の力や問題解決力が発達していきます。子どもたちは情報を収集し、計画を立て、材料を選択し、問題を明らかにしていきます。また、材料や情報を吟味して修正することもあります。うまくいかなければ別のやり方を考えだして、試してみて、解決法を探ってそれを仲間に伝えます。こういう作業がドラマレッスンのなかに数多く含まれているので、ドラマは思考力を高めるうえで本質的な価値を有する教科であり、教育方法なのです。

　学びのプロセスは、子どもたちが知っている現実からスタートします。そして、教師は、学習者が既知の現実を超えて未知の世界に入っていけるように促します。学習者は自分たちが興味をもつ事柄や問題について仮説を立て、問題解決を試みて仮説を検証し、自分たちの行為の結果をふりかえります。子どもたちは学習プロセスの一部となり、互いに対話をしてかかわりあうことで、想像力にあふれた探究プロセスを理解するようになります。

　言い換えると、ドラマを通して子どもたちは自分自身の成長に取り組み、それに責任をもつようになるのです。そして、個人として、また社会の一員として、人類の課題に取り組む力を育むのです。バッファローの全滅といったような歴史的事実も、ドラマに没頭することで子どもたちにとってはリアルなものになります。そのリアルさは、自分たちが決めた結論を行動に移し、その行為が引き起こす結果に思いをめぐらせることから来るのです。また、バッファローの全滅という事実を、現在の生活や世界に照らしあわせて考えてみることから生じるのです。

　子どものなかでは二つの体験がバランスをとりあっていて、そのバランスのなかで意味がつくりだされていきます。架空の物語のなかでの体験と現実の生活のなかでの体験——この二つの体験の間を行き来するなかで意味が生まれます。だからこそ、ドラマは強力な学びの機会となるのです。それがあるからこそ、子どもたちは新しい認識を獲得したり新たな理解を得るのです。その新しい認識と理解は、それまでの考えや態度を修正し、世界との主観的かつ客観的な関係を発展させていきま

す。子どもたちは、現実の世界と空想の世界を結びつけて意味を生みだします。それこそが、思考の目標ではないでしょうか。

誰が質問をするの？

　ストーリードラマのなかで、私は非常にたくさんの質問をします。しかし、それは「教師」の立場からする質問ではありません。そうではなくて、ただ知りたいという視点に立って問うのです。質問するときの、このちょっとした立場の転換はドラマでは有効です。これによって、教師も答えを知らないような問いを立てられるからです。正解がないようなことでも質問することができます。
　私もドラマのなかに入り込んで、子どもたちの考え方や解釈について質問をします。ドラマのなかで私は、子どもたちが考えるのを励まし支えるような教師でありたいのです。子どもたちの思考を刺激したり、面白い反応を誘いだすような触媒になりたいのです。そして、質問することを通して子どもたちがドラマの様々な部分に入っていく方法を考えさせるようにしたいのです。リアルな質問を投げかけることで、子どもたちの反応を本物にしたいのです。
　現実での会話と同じように、何かがはっきりしないから質問をするのです。ドラマを始める前に質問をメモしていたら、どんどん変化していく場面に決してうまく当てはまるわけがありません。
　以下に示すように、質問がどんな機能を果たすかを知っていれば、子どもたちがドラマのなかに深く入っていけるような問いかけをすることができます。

①情報を引きだす質問
　情報を求めて質問をします。答えるために、子どもたちは本や資料にあたって調べたり、大人に聞いたり、あるいは自分の経験から情報を引きだします。次にどういう方向へすすんでいくのかを具体的に決めるときには、以下のような質問をするとよいでしょう。

「その部族は、水をどこで手に入れるのですか？」
「旅には何頭の馬が必要なのですか？」
「バッファローを、どこに隠せばいいのですか？」
「隠れ場所にたどり着くまで何日かかるのですか？」

② 場所や時間を特定するための質問

「ほかの部族をどこで見かけましたか？」
「あなたは、村のどのあたりに住んでいますか？」
「リーダーが村にやって来るとき、あなたはどこに立っていますか？」

③ クラス全体をしきるための質問

「どうしたら、番人に気づかれずに通り抜けることができるのですか？」
「みんなに見えるようにするには、どこに座ればいいのですか？」
「どの考えを選びますか？」
「全部、聞こえましたか？」
「誰が前にすすみ出て、飢えている人に食べ物を与えるのですか？」

④ 洞察を深めて臨場感を高める質問

「バッファローがいなくなったいま、できなくなったことは何ですか？」
「酋長がいなくて彼の指示がなかったら、どんなことに困りますか？」
「この部族の男たちには、人間の感情があるのですか？」

⑤ 選択肢を与えたり、逆に選択の幅を狭める質問

「誰が群れを守るために残るのですか？」
「女の子たちは、男の子たちがやったことを成し遂げられるのですか？」
「逃げだしますか？」

⑥ 行動を示唆する問いかけ、子どもたちの行動を促す問いかけ

「リーダーの後ろに並んでみてくれませんか？」

「水に不純物が入っていないかどうか、確認してみてくれませんか？」
「洞窟の入り口から岩を動かすのを手伝ってくれますか？」

⑦**内省を促す質問**
「どんなリーダーが必要なのですか？」
「リーダーに何をしてもらいたいのですか？」
「旅の途中で、もっと強いリーダーを必要とすることはないのですか？」
「敵に対して、ほかにどんな方法で対応することができたでしょうか？」

　ただ単に投げ入れた言葉や提案が子どもの反応を触発して、よい質問の機能を果たす場合もあります。もちろん、役を演じていたら、その役柄の口を借りて無数の問いかけができます。当然のことですが、もっとも意義のある問いかけは子どもたちから発せられるものです。

11章

トラの足跡を読む

読解力とドラマ

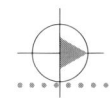

活字の世界に入る

　私は、ラッセル・ホバンの書いた『踊るトラたち（The Dancing Tigers）』という作品を使ってドラマレッスンをしました。それは、民話のスタイルを借りて、現代社会の自然破壊をテーマにした奥の深い絵本です。
　物語のなかで、ラジャ〔昔のインドの王侯〕がトラ狩りに行くのですが、音楽テ

『踊るトラたち』

　ラジャ（インドの王侯）は飾り立てられたゾウに乗り、お供を従えてトラ狩りに出かけます。近代的な装備で狩りにのぞむラジャに比べ、銃さえ持たないトラはまったく無力です。狩りのシーズンのたびにラジャの持っている贅をこらした銃によって何頭かのトラが撃ち殺されるのを、なすすべもなく受け入れるしかありません。そして、ラジャが狩りのためにやって来るという知らせを受けると、トラたちは大きな悲しみに包まれながらも自分たちの運命を受け入れるのでした。
　しかし、新しくゾウに備え付けられたステレオから、軽いクラシック音楽を大音響で流しながら狩りを行おうとしているラジャの姿にトラたちは憤慨します。尊厳を傷つけられたトラたちは、黙って死ぬよりもラジャを踊り殺そうと決死の覚悟を固めます。トラたちは、踊りの名手なのです。
　最初に、まずメスのトラがラジャの前に姿を現し、ジャングルの「沈黙」を踊りにしました。その姿に驚き、魅了されているラジャに、お供の者たちは「見ないほうがいいですよ」と忠告をしますが、ラジャは耳を貸しません。次は、力強いオスのトラがジャングルの「恐怖」を踊りました。そして、次から次へと、トラたちが一頭ずつジャングルの暗闇のなかから躍りながら姿を現します。日が暮れて夜が更けていっても、老若男女のトラたちが月や影、星の光や、川の水面のゆらめきを踊ります。とうとう夜が明け、鳥たちがさえずり始めます。しかし、そのときにはもうラジャとそのお供たちは、その声を耳にすることはありませんでした。息の絶えたラジャを乗せたまま、ゾウだけがジャングルから歩み去っていきました。

ープを持ち込んでジャングルの動物たちの生活をかき乱してしまいます。その復讐に、トラがなんとラジャを「死の踊り」に誘うのです。子どもたちは、その絵本を読んだだけではラジャがどうして死んだのかを理解できないように見受けられました。この話の、肝心のポイントがつかめないのです。

ドラマは、謎に満ちた意味を解きほぐす道具となります。私は、ラジャの息子役になりました。父がなぜ死んだのか、その原因を探ろうとアメリカから帰国してきたのです。子どもたちは案内人や召使いの役になって、ラジャの死についていろいろと説明をしてくれました。自分たちのもっている知識から原因をつくりあげたのですが、最初、それらはこの物語と何のつながりもないものでした。そのうち、やっと二人の生徒がラジャは踊って死んだと話してくれました。

息子役の私は怒って、その答えを認めません。
「私はアメリカで教育を受けてきたんだ。そんな迷信のような話が信じられるか」
子どもたちは、踊り死にしたという話が真実だったことを証明しなければならなくなりました。何故なら、死の本当の理由を明かすまで、子どもたちは牢屋に閉じこめておくと言われたからです。それから、私は役を離れて彼らと一緒に作業をしました。子どもたちはグループに分かれて、狩りの途中で何が起こったのかをラジャの息子に説明する計画を立てたのです。

全員が役に戻ったとき、子どもたちはラジャの息子にこう言います。
「踊るトラがラジャを殺したのが本当だと証明するチャンスをください」
子どもたちは、息子役の私と一緒にラジャが死んだときと同じように狩りに出かけ、そこで同じような音楽を流したいと願いでたのです。この願いは受け入れられ、ドラマのつづきが始まります。みんなが、私とともに輪になって座りました。そこで、トラ役になった二人の子どもが「沈黙の踊り」を踊ったのです。その踊りの相

『踊るトラたち』の原書表紙

手は「暴力」です。それを見ていると、突然、私は両腕をつかまれ、「いま立ち去らなければ、父ラジャと同じ目に遭いますよ」と丁重に告げられたのです。

　子どもたちは、見事に物語の意味を理解しました。私に教えるという作業のなかで謎に満ちた情報の糸を解きほぐし、自分たちの認識を超える体験を把握できたのです。つまり、ドラマによって物語を再体験することで、その内容を理解したのです。話を膨らませていくことで、物語のなかの出来事を徹底して分析することになったのです。

　子どもたちは、召使いの役を演じながら、単に物語の状況について知っていることをもち寄っただけでなく、権力者に尋問されるということや、潔白さと真実ということに関して知っていることをすべてドラマのなかに注ぎ込んだのです。

　子どもたちと私は、ドラマを通じて活字のなかから意味を見いだしていったのです。まず、「解決すべき問題をかかえた宮廷の人々」というドラマの設定をして、準備段階での話しあいが行われました。これは、ラジャの息子の質問に答えるために召使いたちが広間に集まった場面です。それから、ドラマの設定を維持したまま、ペアになったり小グループに分かれたりして、いろいろな構成で問題解決に取り組みました。たとえば、ラジャの息子に嘆願書を書いたり、彼を満足させるような説明を考えることなどです。

　教師は、ドラマのなかで軸となる役（ラジャの息子）を演じました。その教師が中立的な立場をとることにより、ドラマのなかで質問をしたり、子どもたちから反応を引きだしたりしました。この段階では、ラジャの書記役の子どもがラジャの息子に対する答えを記しました。最後は、ドラマの展開を子どもたちが握って、人間たちからトラを守ったのです。

　私は、『躍るトラたち』を10年以上使っています。活字を読んでも意味を把握できない子どもたちが、ドラマをするとラジャの死を説明できるのです。そんなケースを何度も見てきました。子どもたちは、ドラマのなかで、最初は理解しがたく見えたものを実際に演じてみることによってその核心をつかむのです。

活字に意味を見つける

　ぼくたちは、「ネズミ」という言葉の読み方を教わっていた。挿絵の下にある活字はR−A−T。でも、ぼくもほかの子も、長い間わけがわからなかった。だって、だいたい読むってことが何なのかわからなかった。いったい何のために、こんなことやってるの？
『フリスビーおばさんとニムの家ねずみ（Mrs. Frisby and the Rats of Nimh）』
　　　　　　　　　　　　　　　　　　　　ロバート・オブライエン

　ただ文字を読むだけ、という人はいません。何か目的があって読むのです。一つ一つの言葉がプロセスです。そのプロセスにおいては、書かれている文章と同じくらい読み手が重要な要素となります。ドラマと同じく、読むというのは個人的な体験です。読み手はテキストの言葉が何を語りかけているのかを理解し、それを自分の生活体験に置き換え、その文章と生活体験の両方に対して気持ちを込めてこたえていきます。

　教師はよく、テキストに関連する知識を子どもに教えようとして、その出典、作者、作風、手法などを取りあげます。しかし、読み手自身が文章にもち込むもの、たとえば自分の気持ち、連想される体験、内容に対する態度や価値観や信条については、充分に時間をかけて検討されることがありません。

　子どもが言葉を学ぶときに大切なのは、言葉の意味やパターンには広がりがあるということに気づくことです。これは、実際に言葉を聞いたり使ったりすることでわかります。教育者のジェームズ・モフェットが言うように、生の体験と他者との交流があって初めて言語能力や識字能力は引きだされてくるのです。

　言葉を理解したり用いるとき、必ずしも読んだり書いたりすることができなくてもかまいません。当たり前のことですが、文字のなかったころや文字を使わない文化圏では、人々は口頭で表現して理解しあいます。「意味」を理解するというのは、読み書きができることよりも重要です。それは、生きることにかかわる問題なので

す。ただ、象徴としての文字が話し言葉を表すので、文字を読み書きする能力が「意味」につながっているのです。「意味」は、人生におけるすべての経験を通して学ばれます。読解指導はその一部にすぎないことを忘れてはなりません。

　読み物の「意味」を充分に把握するためには、読み手は共著者になる必要があります。読み手は、そこに示されている考えを吸収し、その考えを自分の経験と知識に照らしあわせて検討し、評価していくのです。読み物を理解するには、読書と読書の間の経験が大きくものを言います。ですから、読書の前後に何かがなされるなら、ただテキストに向き合うだけよりもその理解を助けてくれます。理解を深めるには、読書前に強い動機づけをすることや、読書後に知的な刺激を与えることが必要です。国語の読解テストのような質問では、動機づけにも知的な刺激にもなりません。しかし、ドラマなら両方ともうまくいくのです。

　残念なことに、ドラマがいかに読解力を高めるかという点については、教師たちの間でもほとんど知られていません。「創造的ドラマ」という用語が読書の指導書や読本のなかにはよく使われていますが、そこで紹介されているドラマ的な手法は単に本の導入用やフォローアップ用の活動であり、読解の授業の「おまけ」のようなものです。ドラマが、読解の授業に付随するものとしてしか見られていないのです。このような教材では、何を目的に「ドラマ」を行うのかすら明確ではありません。そこで言われている「ドラマ」とは、単なる言葉の遊びであったり、緊張をほぐすための体操にすぎないことが多いのです。また、ドラマが子どもの読解力にどういう影響を及ぼすのかということもほとんど考えられていません。ドラマと読書の本来の関係はもっと深いもので、ドラマが読書の付け足しになるということではありません。

　子どもはどうやって学ぶのでしょうか？　子どもは自分の仮説を試してみて、返ってきた結果を評価して学んでいきます。適切なフィードバックというのは、子どもの仮説が正しいか、そうでないかを的確に伝えてくれるような反応です。そうしながら、子どもは自分がいったい何をしようとしているかを理解するのです。要するに、子どもはいつも学んでいるのです。

　意味の理解を促すものが、子どもの学びの刺激となるのです。学校で多くなされている読解指導は、一字一句を丹念に読んで作者の意図を正確につかみとるような

読者をつくりだすかもしれませんが、そういう読者はその文章の意味するところを自分の社会生活に関連づけてみることはないでしょう。教師が子どもの読解力を高めようとするなら、物語と子ども自身の間に関係を見いだす力を養っていかなくてはなりません。たとえば、子どもが読み物のなかの何に自分を重ねあわせているのかとか、物語のどの部分を自分の生活と似ていると感じているのか、といった点に注意を払わなくてはなりません。同じ物語を読んでも、一人ひとりがちがった考えや洞察を得ているということに互いに気づけるような機会を増やさなくてはなりません。

　ドラマと読書という二つの学習領域は、意味の世界のなかで結びつきます。この二つの領域を結びつけるのは、言葉による象徴化という働きです。その象徴化を通して子どもたちは意味を見いだし、その意味を伝えあいます。ドラマと読書、どちらの領域においても相互作用が重要な役割を果たします。

　ストーリードラマでは、子どもたちは対話をし、互いのやり取りを通して言葉という象徴を探り、使う言葉を修正をしていきます。一方、読書は、まず著者との対話から始まります。それからほかの読者と対話し、最終的には自分自身と対話をすることになります。話しあいや分析を通して著者の意図するところを理解し、その理解を修正して発展させていきます。それと同時に、クラスメートが同じ文章から引きだした様々な意味に触れ、それらを吸収していきます。ドラマと読書、いずれの場合においても、子どもたちは象徴のレベルでやり取りを行っているのです。

　ドラマの設定が実際の事実に基づいているのか、文学作品に基づいているのかということは、それほど重要なことではありません。ドラマとは記憶の再現ではなく、そこに隠された真理や普遍的な概念を見つけるためにどんどん探究をすすめていく作業です。貧弱なドラマは貧弱な読書と同じで、表面的な言葉だけにとらわれて、その背後にある意味を見失っているときに起こるのです。

　単なるテキストの字面上の解釈を超えてゆくには、教師の働きかけが必要です。教師には、テキストに記された考えと子どもの体験をなんとか関連づけていくことが求められます。読書やドラマ体験は、子どもの根源的な記憶を呼びさますものでなくてはなりません。そうすると、子どもたちの反応は個人的であると同時に普遍的なものになってゆきます。互いの反応は、読書場面でもドラマ体験のなかでも分

かちあうことができます。こうして、表面的な記号としての文字は打ち破られ、物語の中身がそれぞれの子どもの「世界観」にとって意味のあるものになってくるのです。教育を受けるというのは、もっとも広い意味で言うと、一人ひとりが自分の「世界観」を創造していく作業なのです。

『踊るトラたち』のレッスンでは、活字の世界とドラマが見事に合体しました。活字もドラマも、それぞれの役割を果たし、両方が合わさることによって信じられないような力が発揮されたのです。

12章

怪物をつくっちゃった

作文とドラマ

12章 怪物をつくっちゃった──作文とドラマ

▶ ボドニックとマンヤ

　旧チェコスロヴァキアの民話に『ボドニック（Vodnik）』という話があります。ボドニックは沼に棲む恐ろしい怪物で、マンヤという人間の娘と結婚をしたがるのです。この物語に描かれた葛藤を通して、ストーリードラマの授業を展開することができます。

- その昔、この民話はどのようにつくられていったのでしょうか？
- 人々はボドニックにまつわる話をどのように語りついだのでしょうか？
- 何故、この話は忘れ去られることがなかったのでしょうか？

　このような疑問点を中心にして、小学1年生のドラマレッスンを行いました。
　1年生のクラスは「村」になり、子どもたちは家族単位に分かれます。各グループ単位で、怪物ボドニックの神話的な起源を考えました。ボドニックの話は夜更けにしかしないという想定にして、各グループの代表がそれぞれの家族でつくったボドニックの話をクラス全体に紹介していきました。それから、村に観光客を呼び寄せようということで、架空の博物館を建ててボドニックの話をもとに展示を行いました。また、村の写真家が各家庭でつくられた話を写真に撮り、それを宣伝に使うことにしました。このときには、グループごとにタブローをつくって、子どもの一人がポラロイドカメラで写真をとりました。「危険」と書いた標識や、観光客が興味をそそるような看板も立てました。それぞれの家族が家の一部を観光客用の宿泊場所として提供することにし、そのための広告もつくりました。
　ところで、マンヤには家族がいませんでした。そこで、村全体でマンヤのために21歳の誕生パーティーを計画します。ある子どもがマンヤ役をかってでました。各家族から、マンヤに誕生日の贈り物が用意されます。それぞれ家に代々伝わる宝物と、晩餐会のための料理を一品ずつ持ち寄ります。村人たちが集会所にやって来て、晩餐会の席に着いてマンヤに贈り物が差しだされます。道具は最小限しか使わず、パントマイムで表現されました。それが終わると、村人たちは食べ物の皿を回し、

飲み物を注ぎました。

　そのときです。ドアをノックする音が響きます。村長役の子どもがドアを開けると、ボドニック役の私がホールに入ってきます。そして、マンヤと結婚したいと迫ります。ボドニックは、30分後に答えを聞きに戻ってくると言って立ち去ります。私が去ったあと、村長はマンヤを助けるべきかどうかを話しあおうと村人たちに呼びかけました。子どもたちは、村人の役を演じながら熱心に話しあいます。村人たちは、自分の子どもたちの安全を心配します。それに、自分の命も危ないと感じたのです。子どもたちの話しあいが終わると、私はマンヤに言いました。

「もし、おれ様と結婚するなら、村は壊さないでおいてやろう」

　マンヤはしばらく迷っていましたが、ボドニックのところへ行くことにしました。しかし、村はこれを拒みます。彼女をこのような運命から救おうと、計画を練ることにしました。ある家族は、彼女を自分たちの家にかくまうと申し出ます。別の家族は、彼女が不治の病に冒されているふりをすればいいと考えます。また別の家族は、さわると爆発する手榴弾入りの「マンヤ風船」をつくろうと言いました。ほかにも、様々な種類の罠をつくろうという意見が出されましたが、議論のすえ、一つの計画が採用されることになりました。

　まず、集会所の天井に大きな網を取りつけます。そして、マンヤが囮(おとり)になって部屋の中央に立ちます。ボドニックが彼女に近づくとサインが出され、マンヤはすばやく逃げます。そのとき、村人全員が伸びあがって網の端をつかみ、怪物に網をかぶせて捕らえようという計画です。そして、これが実行に移されました。

　さて、ボドニック役の私がドアをノックします。一人の少女がドアを開けると、私はその子の手をつかみました。これは、みんなを動揺させました。網のなかに、ボドニックだけでなく少女も捕まってしまいます。サインを出す係りの男の子はいつ網を落とすべきかとまどい、パニックに陥って周囲を見回します。突然、サインが出され、マンヤはボドニックのもとから逃げて、同時に、ドアを開けた少女も手を振りほどいて逃げだします。ボドニックは捕らえられ、村人たちの歓声がわきあがりました。

　このドラマが終了したあと、私は絵本を最初から終わりまで読み聞かせました。その後、担任の先生はこのレッスンをふりかえる作文指導をしてくれました。内容

は、子どもたちがボドニックの起源を考えて、それを作文にするというものでした。以下に、子どもたちが書いた作文を紹介します。ドラマレッスンが、この14人にどんな衝撃を与えたのかがおわかりいただけるでしょう。

　　ボドニックはいじわるな奴でした。人間を、ビンのなかに閉じこめたのです。絵本のなかには、ボドニックと彼の武器が描いてありました。針は、ビンのなかに入るように人間を小さくするためのものです。そうすると、ビンから抜けだす方法はないのです。

マキシーン

　　むかし、むかし、あるところに、醜く、うす気味悪い生き物がいました。その名はボドニック。彼は、海からやって来たのです。貝のなかで生まれました。ボドニックは毎晩、海からはいあがっては村にやって来ました。ある晩、彼がドアを開けると、そこにマンヤが立っていました。「おれは、おまえと結婚するぞ」と、ボドニックは言いました。そして、「五分したら戻ってくる」とマンヤに告げて、海へ戻りました。マンヤは怖くて、どうしたらいいかわかりませんでした。彼女は村に行き、ある村人に「あなたの家にかくまってくれませんか」と言いました。そして、村人は彼女をかくまいました。おしまい。
　　ありがとう。

ジェイナ

　　むかし、むかし、宇宙にカエルがいました。カエルは宇宙から蹴りだされ、湖のなかに落ちました。落ちたカエルは、人々の魂をビンのなかに閉じ込めました。だれも、ビンがどこにあるか知りません。

フィリップ

　　ブース先生へ
　　ぼくは、あのドラマが大好きでした。先生も面白かったですか？　どの部分が一番好きでしたか？　ぼくは、どこが一番好きだったかわかりません。一緒

にドラマをしようと誘ってくれて、ありがとうございました。世界中で最高のドラマだったと思います。本当に、ありがとうございました！　クラスのみんなも、ドラマに誘ってくれてありがとうございました。みんなもドラマがすごく楽しかったと思うし、先生のことも大好きだったと思います。先生もぼくたちのクラスが好きでしたか？　ぼくは先生が好きです。先生もぼくが好きですか？　ぼくたちは、絵本よりもいい話をつくったと思います。先生、ぼくたちがつくったもっといいお話と、絵本のお話のどっちが好きですか？

カレブより

　子どもたちは、ふりかえりの作文の時間を自分なりに使ったようです。何が起こったのかを説明しようとしたり、登場人物の行動の動機を探ったり、全体でのやり取りの結果について、何故そうなったのかということを考えたりしています。ここでは、ドラマの体験が書くという作業を支えているのです。同時に、書く作業によってドラマ活動が輝きを増しました。

　想像力を養うというのは複雑で難しい教育課題です。とくに、書くことを通じて想像力を養おうとするときには遅々としてすすまないものです。そこで、ドラマを使って子どもに書く力をつけていくことができます。

　昨今の作文指導のカリキュラムでは、書く練習そのものよりも書くことの実用面のほうが重視されているように見えます。また、子どもの内なる衝動や欲求に対応することなく、作文を完成させることだけが目指されるような古臭い授業も見受けられます。しかし私は、自分の経験から、書くという作業が書き手にとって個人的な意味をもつときに作文技術はおのずと向上するということを学びました。子どもたちがドラマのなかで表現したり内省したりして、自分の生き方と深くかかわるような「いま、ここ」を体験していれば、ドラマのあとに書かれる作文やドラマ体験をきっかけに生みだされた作文も同じような深さをもつようになるのです。

　書くというプロセスは、ドラマに参加する人たちが自分の気持ちや考えを探究するために用いられます。そして、自己を表現するだけではなく、書く作業を通じてドラマを再考し、再評価し、再構築し、再点検します。さらに、読み手の側のニーズを考えるようにもなります。子どもたちは自分を書き手として意識し始め、伝え

たいことを、伝えたい相手に適切に伝えるための工夫をするようになるのです。

　役になって書いたり、あるいは役を演じたあとに書くことで、子どもたちはいままでになかった新しい態度と気持ちを身につけます。そして、ドラマのなかで何が起きているのかを想像力を働かせて理解しようとすることで子どもたちの書く文章は複雑になっていき、言語表現もいっそう豊かになります。ドラマでは、自分の書いた文章が実際に使われたり、ほかの人に読まれたり聞かれたりするので、文章を見直して編集する必要性も出てきます。

　自由作文、日記や手紙、インタビュー、ブレーンストーミング、リスト作成などの前にドラマを行っておくと、とても役に立ちます。また、ドラマでは、みんなで一つのものを書くという場面がしばしば生まれてきます。子どもたちはグループになって共同作業を行いますが、たとえばデータを集めたり、情報を整理したり、書き直しや編集の作業をみんなで協力しながら行います。こういったことが、すべて学びにつながるのです。

　ドラマにはそもそも、様々なスタイルの書く作業が含まれています。たとえば、役を演じながら手紙を書いたり、何かを発表したり、宣言をしたり、嘆願書を作成したりします。ある場面で起こったことを別の場面で報告したり、ふりかえりの日記をつけたりします。広告やパンフレットをデザインしたり、アンケートや重要書類をつくったり、ドラマの内部からわきあがる物語を記したりします。また、一般の社会と同じで、ドラマのなかでも自然に文字を書く場面が登場します。たとえば、市議会という設定では会議の議事録が生まれますし、証人は証言用の文章をつくらなければなりません。事件が起こったりすると、その報告文書が必要となります。

　ドラマの場面が具体的な背景となる枠組みを提供し、その枠組みに支えられて、生徒たちはしっかりした根拠をもって文章をつくることができるようになります。話しあいやふりかえりでは場面をいろいろと思い浮かべますが、そのなかでも、書くという作業がいろいろと起こってきます。

　こうした具体的な場面に呼応して生まれてくる作文は、教室の作文練習だけではなく実生活と結びついています。実生活では、話し言葉と書き言葉のつながりがいっそう明確であり、言語が包括的に体験されます。私たちは、自分の話したことを書きだすことによって、目に見えるものにすることができるのです。

ドラマをふりかえって書く

　私は、ジャクリーン・ホワイトの『コヨーテの冬（Coyote Winter)』という絵本を使って、これまで多くの小学校のクラスで何百人もの生徒たちとドラマレッスンをしてきました。物語の「まえがき」には、「この本の物語と絵は、著者の姉ドリーン・ホワイト・エリオットの思い出に捧げられる」と記してあります。

　ドリーンは、長年にわたってアルバータ州にあるフッター・コロニー（Hutterite colony）で教えていました。信仰上の理由により迫害の歴史をもち、ドイツ語を話すフッターの人たちは集団所有型の大規模農場で暮らしています。彼らは自分たちの農場でともに働き、ともに食事をします。著者は、「まえがき」に次のように書いています。

　「フッターの人たちは、平和を愛する勤勉なキリスト教徒です。ドリーンは彼ら

『コヨーテの冬』

　カナダ西部にあるフッターというコミュニティでの出来事です。子どもたちと先生が、3日間にわたって学校に閉じ込められました。冬の猛吹雪で道が遮断されたためです。3日目になって吹雪も収まり、先生は子どもたちを森へ散歩に連れていきました。そこで彼らは、コヨーテの子どもが脚を罠にかけられ、うずくまっているのを見つけました。子どもたちは先生に、コヨーテの子どもを助けてほしいと懇願しました。しかし先生は、フッターの農家がコヨーテの被害にあっていることを知っていました。コヨーテは、農家が飼っているニワトリを食べてしまうのです。だから、コヨーテの子どもを助けるべきではなかったのです。

　しかし、先生は子どもたちの願いを聞き入れ、鉄製の罠を外してコヨーテを放してやりました。コヨーテは感謝し、なかなか子どもたちから離れようとしません。そこで先生は声を上げてコヨーテを追い払い、そのコヨーテはようやく森の奥へと消えていきました。子どもたちは、先生がコヨーテを逃がしてくれたことに感謝しました。

を愛し、とくに生徒を愛しました。この物語のなかの出来事は、実際に起こったことではないかもしれませんが、物語の精神は真実なのです」

ドラマのなかでは、生徒たちの関心は罠にかかったコヨーテの運命に集中していました。当時、フッターの農夫たちはコヨーテの足を捕らえる残酷な罠を使っていたのです。もちろん、私が赴いた学校はトロントの中心部にあり、野性動物が棲んでいるところからは、はるか遠くにありました。

この物語が提起している課題は明らかでした。どうすれば、教師とクラスのみんなはコヨーテの子どもを罠から解放する物語を組み立てられるのか、そしてその結果、生徒たちは罠をかける猟師の複雑な状況を理解するようになるのか、ということです。

クラスの生徒たちは、その出来事を聞きつけたレポーター役を演じ、私は農夫の役になってインタビューを受けました。コヨーテが農場に危害を加えているという情報が伝えられたことで、問題解決はいっそう複雑になりました。というのも、生徒たちは、フッターの人たちのやり方と動物が生き延びることとの間の対立しあう状況を変えようとしたからです。

以下の場面についても、ロールプレイングが行われました。
- フッターの学校評議会がその教師にインタビューをし、彼女が何をしたのかを聞きました。
- レポーターが、コヨーテの足を捕らえる残酷な罠について農夫に質問をしました。
- 校長がその教師を解雇しました。
- レポーターに出来事を語った少年の家族が、教育委員会から非難されました。
- 農夫が、コヨーテの問題を解決するための新しい方法を開発しました。
- その教師とフッター人の夫が、今回の出来事について話しあいをしました。
- フッターの習慣を紹介するドキュメンタリーをつくりました。

ときどき私は、教育実習生のグループと一緒に小学生のクラスのなかで活動をします。生徒たちは物語を聞いたあとで、実習生が演じるフッターの家族にインタビ

ューをします。その途中で私はクラスを集め、罠についての情報を与えます。多くの実習生は、生徒たちのいろいろな反応を目の当たりにし、生き生きとした熱のこもった話しあいがつづけられます。私が大きな模造紙に意見や洞察を書いていくと、物語や観察したことから生じた問題意識はさらに深められていきます。

　授業後、教師の指導の下で生徒たちは私に手紙を書いてくれました。手紙には、文化と自然界の生き物との間に横たわる葛藤がいかに複雑であるかということに気づいた非凡な意見が並んでいました。私がかかわったクラスの教師たちは、ドラマをふりかえって書くことの必要性をよく認識していました。そして、生徒たちに活動を通して感じたことを、詩、物語、手紙、絵などによって残すように指導していました。

　私は、生徒たちが書いたものを読むことで、異なるレンズを通して物語とドラマを見ることになります。私のレッスンからようやく解放されたあと、生徒たちは距離をおいてドラマをふりかえり、役を思い出しながら自分の経験を再考します。生徒たちは、しばしば詩や手紙を手段とし、ペンやパソコンを使って考えながら自分自身に話しかけます。こうした作業は、私たちがともに過ごした時間から生まれた意味をたえずつくり変えていきます。この作業は、いずれの側にも有益だと思われます。私は生徒が書いたものを、初めは一読者として、次に教師として読みます。そして、私が変わるにつれて私のドラマ活動も変化します。

　生徒たちは物語とドラマ体験に触発され、そして書くことを通してふりかえりをします。ドラマ体験のなかの出来事や、そこで開かれた可能性に改めて取り組むことで、生徒たちは自分の考えや気持ちを明らかにして解釈します。ドラマ活動は、生徒たちが感覚的にとらえたものが目に見える形になって結晶化するのを助けます。そして、ドラマのあとも、「記憶のなかで生きつづける役」から書いてみることで生徒たちに影響を及ぼしつづけます。

　生徒たちには、いまや二つの役割が混じりあっています。つまり、参加者と観察者です。ドラマで演じた役は影のように書き手としての生徒につきまとい、生徒たちは力強い、心を揺さぶるような書き物を生みだすのです。生徒たちは、物語とドラマについて感動的な感想を共有しあいます。ただ事実を列挙したり、報告したりするだけのときもありますが、彼らは書くという方法を用いて自分の態度や認識が

どのように変化したのかを表現し、自分の見方をより広く複雑な枠組みのなかへと押し広げていきます。

　彼らのコヨーテの声は教室に響きわたり、学校の廊下をこだましていきました。そして、私たちを学校の外の世界、つまり生徒の究極の目的地へと結びつけてくれました。

　　私はコヨーテ。足が痛いよ。
　　彼女が私を自由にしてくれたの。本当によかった。
　　だから、私は生きることができるし、もっと子どもを産むことができるわ。
　　もう二度と罠にかかりませんように。
　　二度と足を捕まれることがありませんように。
　　お腹がすいて、死にそう。
　　生き残ることができますように。
　　血が流れているわ。
　　奴らになんか負けない。
　　仲間と一緒に最後まで戦うわ。
　　どこか、住むところを見つけなくては……。
　　だれか、足を治してくれる仲間を探さなくては……。
　　コヨーテの仲間を見つけなければ……。家に帰りたい。
　　農夫たちに仕返しをしてやりたい。
　　結婚相手を見つけるのは難しい。
　　私の赤ちゃんが元気でありますように。
　　痛くてたまらない。
　　夕食はまだかしら。
　　もう朝。
　　今晩、私たちは戦うわ。

ダナ（9歳）

ぼくはコヨーテ。道に迷ってしまった。
突然、一面の雪のなかにニワトリが見えた。
もちろん、ぼくは腹ペコだった。
ぼくは、ニワトリのほうに歩いていった。
そのとき、足に鋭い痛みを感じた。
足元を見ると、金属のはさみ口が皮膚に食い込んでいた。
これで終わりだと思った。
ぼくは横になり、猟師がやってくるのを待った。
悲しくて、どうすることもできなかった。
ぼくは、森のなかの暖かい巣穴のことを思った。
そして、母のことを思った。
母は目をさまし、ぼくを探し始めるかもしれない。
一時間ほど横たわっていた。
すると、声が聞こえてきた。
ついに、その時が来たと思った。
しかし、見上げると、たくさんの子どもを連れた一人の女性がいた。
ぼくは恐怖に震えた。
驚いたことに、女性はぼくを助けてくれようとしていた。
罠をはずしてくれたとき、ぼくは彼女をなめ
なんとかして感謝の気持ちを伝えようとした。
しかし、子どもたちがぼくを追いたてた。
初め、よくわからなかった。
やっと、危険が迫っていることがわかった。
だから、ぼくはその場を離れた。悲しかった。
ぼくは、お母さんとはぐれてしまった。
もう、だれもぼくの世話をしてくれる人はいない。
その後、ぼくはずっと人里から遠い森のなかをさまよった。

サイモン（8歳）

13章

3000の声が響く

ドラマのなかで朗読をする

サーカスと朗読

　数年前、私はミシガン国際読書協会の年次大会に招かれました。協会の会員に向けて講演を行うのではなく、デトロイトの子どもたちと一緒に何かしてほしいという依頼でした。読書を推進するための大会なので、子どものためになるイベントで会議の幕開けにしようと考えたらしいのです。子どもたちが参加する朗読のイベントをして、そのあとでサーカスを観るという計画でした。私が前半の朗読の部分を受け持ち、後半はリングリング・ブラザーズ・アンド・バーナム＆ベイリー・サーカス[★1]が出演するというのです。

　私は、この仕事を引き受けるべきかどうか迷いました。いままでに何千人もの子どもたちとドラマ活動をしてきたのは事実ですが、今回参加予定の子どもたちは3000人以上で、めまいがしそうでした。しかし、このチャレンジは非常に面白そうで、気がつくと、私はデトロイト川の河岸の野外アリーナでマイクを片手に何千人もの子どもたちの前に立っていました。

　私は、4種類の詠唱(チャント)が出てくるアフリカの物語を使うことにしました。前もって四つの歌詞を、色のちがう紙に印刷して子どもたちに配布しておきました。私は適宜「ピンクの紙の人」とか「緑の紙の人」と呼びかけ、その色の紙を持っている子どもがその場面で必要な反応をしてくれる仕掛けにしておいたのです。

　私は、3000人の声の大きさを考えに入れていませんでした。子どもの反応はまさに圧倒的でした。何千人もの子どもが合図にこたえて詠唱したり手を叩いたりすると、物語はまるで儀式の様相を呈してきました。終わりに近づいたとき、ふと視線を上に移すと、ピエロやアクロバットをする人、そしてゾウなどが円形劇場の周りに立って、コーラスに魅せられ、子どもたちのパフォーマンスに見入っていました。まるで、フェリーニの映画の一場面のようでした。

　私にとって、これは強烈なイベントでした。声に出して読む行為が完全に物語のなかに溶け込んでいって、物語は生き生きと完全なものになったのです。あの瞬間、3000人の子どもたちは物語を生きていたのです。

朗読をする理由

　即興ドラマが発達するまでは、台本がドラマとテキストを結びつけるものでした。残念なことですが、台本を読むということは、一般に読むという活動のなかで一番難しいことなのです。とくに、台詞が長かったり、複雑な場合にはそうなります。台本を読むとき、生徒たちは他人の書いた言葉のなかに入り込み、それを自分の体験によって照らしださなくてはなりません。自分の記憶や観察や感覚に基づいて、一つの人格をつくりあげなくてはなりません。そして、作家の意図にも忠実でなければなりません。さらに、台詞を暗記して、その文章をまるでいま自然に語っているかのように聴衆に伝えなければならないのです。これは、経験豊かな大人にとっても容易なことではありません。

　実際のところ、劇作品の真意はほとんどがテキストの下に隠されています。つまり、台本に記された整然と並ぶ文章の奥に本当の意味が隠されているのです。実生活でも行動や言葉は一見はっきりとした意味をもっているかのように見えますが、実はその背後に様々な動機や衝動が隠されていて、表面に表れている意味を支持したり打ち消したりしています。

　即興のなかでは、ヒントや材料や方法が与えられると口頭での解釈を促すことができます。そのとき、テキストの全体をとらえようとする強い意気込みがあれば、物語の理解は深まっていきます。テキストは即興の出発点です。即興をすることで、元のテキストを丹念に吟味し、深く理解することができるようになります。即興のドラマという手法を取り入れると、子どもたちは「台本専制主義」から解放され、台本のなかにあるテーマを自由に検討することができます。すなわち、即興は原作のなかに出てくる概念や人間関係や言語を探究していく道具となるのです。大切なのは、ドラマが単に活字の棒読みにならないようにすることです。文章のなかに含

★1　サーカス界のスター一座リングリング兄弟が1907年にバーナム＆ベイリー・サーカスを買収して誕生した、アメリカの大サーカス団。1870年が初演とされている。『地上最大のショー』として、1952年に映画化された。

まれている概念を、自分たちで体験して味わってみることが大切です。

朗読とドラマは、次の四つ仕方で結びつくことがわかりました。

- ドラマにして取りあげたい部分をドラマの前に声に出して読んでみて、みんなで共有するという仕方。
- ドラマの元になった部分を、あとで声に出して読んでみるという仕方。
- ドラマのなかで役を演じながら朗読をするという仕方。たとえば、手紙、宣言文、議論の争点、歌や詠唱などを声に出してみます。
- ドラマ体験をふりかえる目的で、感想文、詩、そのほかドラマ活動にかかわる文章を声に出して読んでみるという仕方。

朗読を行うにあたって、子どもたちはたいてい手助けを必要とします。その際、ドラマのやり方は非常に役に立ちます。

子ども向けのドラマの台本はあまりありません。児童文学作家は、たいていほかの表現方法を選ぶからです。しかし、台本でなくても、子ども向けの小説や詩や絵本はすぐれた対話を探しだせる格好の材料ですし、朗読用にアレンジしやすいものです。私は、子どもたちをペアか小グループにして、最初は黙って、次に声に出して対話の部分を読ませます。子どもたちの役を入れ変えてもいいですし、新しい場面設定や新たな課題を付け加えてもかまいません。また、時代設定を変えたり、そのほかの様々な手法を用いて、子どもたちが新しい意味を見いだせるようにその部分をドラマ化します。

「リーダーズ・シアター（Readers Theatre）」という技法があります。これは、物語や詩をあたかも台詞のように声に出して朗読していくという手法で、物語や詩の言葉をそのまま使います。対話の部分とナレーションの部分をどのように演出するかで、面白い取り組みになります。もっとも簡単な方法は、一部の子どもがナレーター役をして、ほかの子どもが対話の部分を受け持つというやり方です。そのうち、子どもたちは「〇〇と、彼が言いました」とか、「〇〇と、ジョンは答えました」といった部分を省くようになっていきます。そうなると、彼らは言葉の意味を解釈し始め、劇の感覚を身につけ始めたと思えばいいのです。

ほかにも様々なやり方があります。たとえば、登場人物になって対話をする人が、

ナレーションのなかから自分の役に関連する箇所を朗読する方法があります。また、何人かの登場人物がコーラスのようにナレーションを読んだり、こだまやリフレインのように台詞を繰り返すのもいいです。声に出して読みながら意味を見つけていくときに子どもが発揮する創造性には、いつも驚かされます。彼らは、それをパズル解きのようにして、全体像がはっきりするまで試行錯誤を繰り返すのです。

　また、これにちょっとした小道具を付け加えればドラマ風になります。たとえば、話し手のためにイスを用意したり、朗読しているグループにスポットライトをあてたりします。そうすると、リーダーズ・シアターは口頭で解釈を行うための理想的な機会となり、ドラマ化を試みるきっかけを与えてくれます。リーダーズ・シアターに使われた朗読箇所は、その後ドラマのなかで取りあげてもいいでしょう。それを、ドラマづくりを始めるきっかけにしたり、ドラマに緊張感を生みだす材料として用いることができます。

　ごく簡単にですが、リーダーズ・シアターをドラマの導入として使った例を紹介します。そのときのレッスンは、100年前の炭鉱が舞台でした。関連記事の載っているコラム欄から裁判所の記録を朗読したのですが、この朗読が子どもたちの強い関心を呼び起こし、その後の演技へとつながっていきました。

　子どもたちがドラマのなかで書く文章を、ほかのグループが行うリーダーズ・シアターの材料にすることもできます。それをドラマの一部に取り入れることもできますし、ドラマ終了後のふりかえりのなかで取りあげることもできます。また、即興ドラマを記録して、その記録を活用することもできます。ドラマの最中に録音したものでも、ドラマ終了後に書き起こしたものでもいいのですが、それを朗読すると、自分たちの演技の因果関係をふりかえるのに役立ちます。書き起こしたものは、ほかのグループで朗読の材料に用いることもできます。

　また、ドラマ状況をつくっていくために調査が必要なときには、その調査結果を読みあげることができます。あるいは、ドラマレッスンに新たな活力と緊張感を与えるために、ドラマのなかで調査をして、その結果を読みあげることもできます。小グループに分かれて調査を行う場合、おそらくそれぞれがちがう角度から調べることになるので、知識を広げるためにも互いの成果を聞きあうことが必要です。発表に際しては、各グループは役を演じながら、あるいは役から離れて調査の成果を

大きな図にしたり、OHPを使ったりしてほかのグループと情報を共有しあいます。

　ドラマのなかでは、演技者が書類、逸話、講演文、抜粋した部分などを声に出して朗読することがあります。こういう朗読は、ドラマの臨場感や熱気を高めるだけでなく、活字に生命を吹き込むときの難しさを解消してくれます。朗読とは、子どもたちが他人の言葉を使って自分たちの見方や考え方を支える体験なのです。

　役を演じながら、詩や歌、小説や物語からの抜粋、あるいは自分の作文を朗読すると、その解釈にいろいろと思いをめぐらせるものです。また小グループでは、その言葉の解釈をどれかに決めて、文章をドラマ風に表現する方法を考えたりもできます。たとえば、登場人物の空間的な配置を考えたり、その言葉がどのように話されるべきか、声の調子や声量、そして速さなどを話しあうこともできます。

　ひと言で言えば、ストーリードラマとは、テキストに書かれた文章を「耳で聞く活字」として呈示する方法です。声に出して読みあげられたいと願っている活字があります。そのような言葉を、様々な方法で子どもたちの耳にまで送り届けてあげましょう。

14章

海の人々を信じる

ストーリードラマによる成長を評価する

14章　海の人々を信じる——ストーリードラマによる成長を評価する

海の人々は何を学んだの？

　ドラマ活動を評価するのは難しいものです。ドラマプログラムでは様々なタイプの学びが生じていて、それらはすべて同じように評価の対象となるのではありません。教師は、外に現れた学習の成果を評価するとともに、子どもの内なる体験ともいうべき個人的なプロセスを評価しようとします。認知・情動面で、そしてときには神経運動面で同時に学習が起こっているので、ドラマで生じた学びをすべて評価するのは難しいことです。さらに、それを難しくしている要因は、ドラマが進行している最中に評価をする必要があるということです。たしかに、ドラマはみんなで共有される活動ですが、それにかかわる一人ひとりの成長が根本的に大切なのです。

『グレイリング』

　スコットランド沿岸の沖合にある島に漁師の夫婦が住んでいました。夫婦は満足な暮らしをしていましたが、ただ一つ残念なことがありました。それは、子どもがいないことでした。ある日、漁師が海で孤児(みなしご)のアザラシを拾いました。家に連れて帰ってみると、そのアザラシは灰色の眼と灰色の髪の子どもになっていました。このアザラシは、陸の上では人間、海ではアザラシという伝説の生き物のセルチーだったのです。夫婦はセルチーに「グレイリング」という名前をつけ、息子として大切に育てました。ただし、グレイリングが海へ帰ることのないように決して海には近寄らないようにさせました。

　そして、15年たったある日のこと、村を激しい暴風雨が襲いました。はるか沖合で、漁師の乗った船が大波に飲まれて沈もうとしています。妻の助けを求める声に応じてくれる町の人は一人としていませんでした。そのとき、グレイリングが崖から海へ飛び込みました。すると、灰色の毛に覆われた大きなアザラシになって漁師を救いだしました。そして、そのまま海に帰っていきました。その後、1年に一度、大きな灰色のアザラシが海に姿を見せるようになりました。あのグレイリングが、お父さんとお母さんに歌を聞かせに戻ってきているのです。

ドラマ体験とは、それを構成する部分の総和以上のものです。そこでは、何が学習されたのかということに対する評価とともに教師の共感的な受け止めも必要です。評価の観点となるのは、どのような洞察が得られたのかということです。また、生徒たちの言語能力がどのように磨かれていったのかということや、グループが新しい理解に至ったのかというような点も評価の対象となります。

　教師の意図が、子どもの思考力を深めることであるなら、子どもの反応を見て、ドラマ活動が思考にどのような影響を与えたのかを読みとろうとするでしょう。どのくらい熱心にドラマにかかわっているかということは、話しあいのレベルや役柄への没頭の度合い、役に対する意識のもち方、言語表現の幅などによって測ることができます。子どもがドラマの結果をどう考えるのかということ、すなわち出来事の結末を見通す力も評価の対象となる点です。

　具体的に一つのドラマレッスンを取りあげて、どのような評価がなされたかを説明しましょう。あるクラスで人魚やセルチー★1に関する神話や詩や物語をテーマにして、3週間にわたって学習がすすめられました。ドラマはそのなかで大きな部分を占めていましたが、決められた時間通りにはすすみませんでした。実際には、子どもたちがまずヨーレンの『グレイリング──伝説のセルチーの物語』（川崎洋訳、セーラー出版、1993年）を読み、それに触発される形でドラマを導入しました。私はなるべく多様な手法を用い、幅広い評価が可能になるように配慮してドラマをつくりました。

　もとになった物語は伝説なので、そのバリエーションはたくさんありますが、簡単に述べるとこういう話です。

　昔、あるところに美しいアザラシの女たちがいました。彼女たちはよく海岸で皮を脱いでは、歌ったり泳いだりして戯れていました。あるとき、彼女たちに夢中になった男が皮を一つ盗んでしまいます。その皮の持ち主であったアザラシは、それから何年もの間、その男と一緒に陸に残るはめに陥るのです。彼女はその男の子どもを産み育てました。ところが、ある日、彼女は自分の皮を見つけて海に戻っていきました。そして、永遠に男のもとには帰ってきませんでした。

★1　スコットランドの伝説に登場する海に棲むアザラシだが、陸に上がると皮を脱ぎ、人間に変身する。「セルキー」とも言う。

このような伝説は力強いものです。この伝説は、身体と精神の変容の物語です。獲得と喪失、愛と失恋についても語っています。私は、受けもった低学年の子どもたちに、この物語のいくつかのバージョンを絵本で読み聞かせました。そして、そのたびにこの伝説のちがった側面を探究しました。

　一方、評価のため、教育実習生と私は観察データを収集しました。活動に参加しながら観察したり、参加せずに少し離れた観察者の視点からデータを集めたりしました。こういった情報をもとに、教師たちは一人ひとりの子どもの評価やクラス全体の評価、そして指導プログラムそのものに対する評価を行ったのです。

　以下のリストには、活動のなかで用いられた手法、子どもたちが行った活動、それらに対する評価が列挙されています。

表3　ストーリードラマ『グレイリング』

手　法	子どもの活動	評　価
役を演じて物語に反応する	● ヨーレンの『グレイリング』をもとにアザラシの少年が住む村をつくる。	● 役への参加度。 ● 環境づくり。 ● ドラマ場面への同化度。
アイディアを一人で探究する	● 一人で、海の生き物が人間に変身する過程を探る。	● 登場人物づくり。 ● 一人で作業をする。 ● 役を受け入れる。
グループ単位での即興	● 各グループで、セルチーが初めて村人に見つかった場面をつくる。	● 役に入ったり、役から離れたりする。 ● 適切に選択肢を選んだり評価したりする。 ● リスクを負う。
インタビュー	● 各グループで一人レポーターを出し、3人の村人に海の人々を目撃したときのことをインタビューする。	● 小グループでの活動。 ● 自分の体験から間接的に知識を引き出す。 ● ドラマへのかかわりを深める。 ● 役のなかで感情を表現する。
役を演じて物語に反応する	● ヨーレンの『グレイリング』をもとにアザラシの少年が住む村をつくる。	● 役への参加度。 ● 環境づくり。 ● ドラマ場面への同化度。
タブロー	● 各グループがタブローで目撃場面を表現する。	● 意見を共有し、相手の意見を評価し、それにこたえる。 ● アイディアをつなぎあわせる。 ● 課題にかかわりつづける。

コーラス＆詠唱	●村人たちが、村から海の生き物を追いだすための歌を詠唱する。	●テキストを解釈する。 ●芸術的目的を共有する。 ●感情的な反応をふりかえる。
解釈＆朗読	●グループに分かれ、物語の各場面に取り組む。 ●リーダーズ・シアターの技法を使って、物語を解釈し、語りなおす。	●仲間の言葉を解釈する。 ●仲間と協力して作業をする。 ●仲間の取り組みを支持する。
クラス全体でドラマを演じる発表会	●役を演じて探究した物語をもとに、この物語のクラス版をつくる。 ●低学年の子どもたちに劇を披露する。	●芸術的に作品を作り上げる。 ●共通の芸術的な目的を立てる。 ●ドラマ全体を見わたす。 ●異なる言語様式を用いる。
役のなかでの地図作成	●村人が住む島を地図に表す。 ●海の生き物がどこに住んでいるかを明らかにする。	●ふりかえり、改めてドラマに取り組む。 ●ドラマ活動の意味を認識する。 ●仮説を立て、ブレーンストーミングをする。
マスク制作＆ストーリーテリング	●海の人々のマスク（仮面）をつくる。 ●物語の最後で儀式をするときに村のみんなでマスクをつける。	●マスク制作を理解する。 ●様々なドラマの道具を使う。 ●観客の動きに気づく。
役のなかで歌う	●本に載っているセルチーの歌を学び歌う。	●合唱グループをつくる。 ●歌詞を、繊細な感性で解釈する。 ●ムードを保つ。
音楽＆ダンスドラマ	●海の人々の音をつくる。 ●アザラシと人間の間に生まれた子が、村から追いだされるシーンをダンスドラマで表現する。	●ドラマ状況をつくる。 ●合唱グループの一員として取り組む。 ●ドラマのテーマを認識する。
パントマイムによる探究	●毎日アザラシの皮を脱いだり着たりして、皮を人間から隠すシーンをパントマイムで表現する。	●言葉を使わないでコミュニケーションをとる。 ●いろいろな可能性を探る。 ●全体の一員として自分を見る。
ゲーム＆エクササイズ	●アザラシと人間の間に生まれた子の物語の導入として、クラスで「隠された鍵」のゲーム（目隠しされた人が、鍵を盗もうとする人を捕まえるゲーム）をする。	●遊びを通して協力する。 ●教師の介入なしで作業をする。 ●仲間と肯定的にかかわる。

このドラマレッスンでは、「壁に貼ってある役（role on the wall）」という手法も使いました。ドラマの進行に沿って、必要な情報を子どもたちが絵に描くという方法です。子どもたちは、互いの体の輪郭を茶色い模造紙に書き写して人型を切り抜きました。この人型をセルチーの皮と見立て、まず展示します。それから、皮を束ねて丸め、輪ゴムでくくってどこかに隠しておきます。そうすると、突然、子どもたちのセルチーとしての役柄が距離をもって感じられます。そして、同時にセルチーらしさが増します。これらの皮は、ドラマを象徴するものとなっていき、ドラマの核となっている緊張を象徴的に表現します。このように私たちは、時としてもう一人の自分を壁に貼って、その背後に潜んでいるものを眺めてみる必要があるのです。

　計画がうまく立てられると、レッスンで何をするかということだけでなく、そこでの学習をどう評価するかということも決めやすくなります。もちろん、いつも予定通りにいくわけではありません。しばしば想像もできないような学びが生じますが、それこそがドラマの醍醐味であり、ドキドキする体験です。

　そして、よく覚えておいていただきたいのですが、生徒や自分自身を評価しないときがあってもいいのです。休憩の時間と同じように、５分間のストーリードラマをただ楽しむこともできるのです。

そして、むすびに

できあいのアイディアを打ち砕け！

リチャード・ケネディは次のように書いています。

　「どこから着想を得るのですか？」
　これは作家でない人が、作家に一番多く投げかける質問ではないでしょうか。私のアイディアは、記憶や空想、夢やふとした出来事から生まれてきます。しかし、それらには共通点が一つあります。探し求めることによって初めてアイディアが見つかるということです。たとえば、自分は誰かに毒殺されようとしていると思い込んでいる人がいるとします。その人は、おそらくたびたび食べ物の味が変だと感じることでしょう。つまり、そういう体験を予期して探しているのです。
　あれは寒い冬でした。私は、取り壊され始めた家に一人で住んでいました。ドアや窓枠、階段の踊り場、飾り棚、壁板、漆喰などが散乱していて、壁土が床一面に散らばっていました。私は、木片を暖炉にくべて暖をとっていました。それは、まるで共食いの儀式のようでした。家が自分の一部を食べていたのですから。
　その日、私は何故かハンプティ・ダンプティ★1のことを考えていました。もし、王様の馬や家来がハンプティ・ダンプティを元に戻すことができた

★1　ハンプティ・ダンプティとは、イギリスの童謡集『マザーグース』に登場する擬人化された卵であり、ある日、壁から落ちてバラバラになり、王様の馬や家来のすべてをもってしても、それを元通りにすることはできなかった。

として、果たしてハンプティは正しく元通りになったでしょうか？　元通りにならないとしたら、どうなっていたでしょう？

　私は、自分の14年間の結婚生活に思いをめぐらせました。いまは一人です。妻と子どもは、どこか別のところにいます。バラバラになったのです。

リチャード・ケネディ

　私が『磁器の男（The Porcelain Man）』を初めて読んだのは、絵本のなかででした。のちに『リチャード・ケネディ作品集』のなかにこの物語を見つけたとき、これが有名なアメリカ人作家の作品であることを知ったのです。『磁器の男』は、愛と孤独についてのショッキングな物語です。作者は、私たちをファンタジーの世界へと引き込み、心の奥深い部分を見つめさせてくれます。それは、こんなお話です。

　ある少女が意地の悪い父親と住んでいました。寂しさのあまり、その女の子が磁器で男をつくると、磁器の男は彼女に「愛してるよ」と言うのです。いろいろな紆余曲折を描くことで、この物語は自らの選択したように人生を送ることの難しさを語りかけてきます。最後に磁器の男はバラバラに砕けてしまい、その破片が皿になります。少女は別の男と結婚するのですが、夕食のとき、その磁器の皿が彼女に「愛しているよ」と言うところで、この物語は終わります。

　私がこの話を初めて聞いたのは、すぐれたストーリーテラーで友人のボブ・バートンが語ってくれたときです。いまでもこの物語を朗読するたびに、ボブのささやきが聞こえてきます。

　ある夏、キャンプに来ていた15人の女の子とこの作品を取りあげました。このときは、『磁器の男』を読むことから始めました。彼女たちは半円になって座り、その後ろで教師たちが見学をしていました。読み聞かせのあとに話しあいをしましたが、子どもたちは参加するのをためらいました。私はいろいろな質問をしながら、なんとかドラマへ導き入れるきっかけを見つけようとしました。見学者がいたり、またゲストである私を信じきっていなかったようなので、うまく導くために私はまずそこにいる全員を巻き込みました。やがて女の子たちは、この物語にまつわる記憶をたぐりながら、「愛を語る皿」について考えをめぐらせました。

私は、彼女たちに問題を出しました。
「自分が新婚の花嫁だとしよう。愛を語る皿を売りとばすか、夫の目から見えないところに隠すか、決めなければならない」と。
　いままで見学をしていた教師たちは相談役を演じ、女の子たちはそれぞれ一人の教師と話しあいました。私は夫役で、妻役の女の子たちに一人ずつ尋ねていきます。
「なんだか特別な皿みたいだね？　この皿はなんだい？」
　彼女たちは、それぞれ自分なりの対処法を披露しました。磁器の皿を捨ててしまう子どももいれば、未来の希望として最後まで守り通すといったものまで様々でした。教師のなかには、皿を借りる隣人を演じる人や、女の子を昔から知っている人から彼女をことを聞いたという人もいました。ある教師は、次のように述べています。

　　デイヴィッドは夫の役をしました。緊張感を高めるために、彼はわざと厳しく心の狭い夫を演じたようです。緊張感が高まるにつれて、女の子たちはドラマに入り込んでいきました。もっとも印象に残ったのは、私が相手をした女の子が次のように信じていたことです。
　「もし、皿が私を愛していることを知ったなら、夫の心は粉々に打ち砕かれてしまうでしょう」
　　その言葉は、多くのことを意味していました。まず彼女は、夫と父親のちがいを理解していたのです。このことは、ほとんどの子どもが理解していないようでした。この女の子は、なんとしても夫を守ろうと懸命でした。そして、「粉々に打ち砕かれる」という言葉から、自分の夫が磁器の男と同じように壊れやすいと思っていることが伝わってきました。

　葛藤をもっと深く意識させようと、私は「夫が戦争に行くように招集された」とナレーションを入れました。それから夫役になって、輪になっている女の子たち一人ひとりに頼んだのです。
「妻として、特別な食事をつくってくれないか。そして、磁器の皿にのせ、私に持たせてほしい」

私は、皿のなかから「愛しているよ」と言うことができる一枚を選びます。女の子たちは、皿を持っていきたいという私の頼みにどう反応するでしょうか？　ある教師のコメントです。

　話しあいのなかでいろいろな選択肢が出されました。女の子たちは深く考え、問題解決に取り組みました。声の調子や顔の表情からして、とても楽しんでいることがわかりました。
　「何かほかのものを壊して、皿をもう一セットつくることはできないかしら？」
　この発言は、特別な力をもっているのが皿ではなく、彼女自身であること暗に示しています。別の女の子にひらめいたのは、その皿を割ってほかの磁器の欠片（かけら）と混ぜあわせ、皿を２枚つくり、１枚は夫に、もう１枚は自分が持っておくという案でした。
　輝きを放つ子どもたちは、私たちとともに、皿を手元に残しておくべきか、夫にあげるべきかを話しあいました。ステファニーはとても利発で、言葉もうまく独立心旺盛な女の子です。「こうすればいいのに」という私自身の考えを押し付けないように心を配りました。彼女が心のなかでどう感じているかを引きだすように、コメントや質問をしました。
　ステファニーの考えは私とはまったく異なっていて、それを聞くのは素晴らしい体験でした。彼女は夫を愛しているのですが、皿を手放すこともできません。「皿は自分にとって特別な意味があるの。夫がそのことをわかってくれないのではないかと不安だわ」と言ったのです。彼女は、この「特別な意味」を具体的に言い表すことはできませんでしたが、彼女の眼を見ていると、自分だけのものをもつことがいかに大切で、ワクワクする体験なのかがよくわかりました。そのとき、ふと思いました。
　「女の子が日記に鍵をかけ始めるのは、このくらいの年ごろだろうか？」と。
　彼女は、自分の主張を貫いて夫に逆らいました。デイヴィッドが役を演じながら、「あの皿はどこだ？」と尋ねると、彼女は力強く「割ってしまったの。破片は捨てちゃった」と答えました。

このジレンマに対して女の子たちから出てきた反応は、実に幅広いものでした。
　「あなたにはあげないわ！」、「あげられないの」、「ええっと、あれはどこにいったかな？」、「台所を探してみるわ」、「皿は小川のなかにあるの！」、「借りものだったのよ」、「あれは彼女が壊してしまったの」……。とても強く、はっきりと「それは私のものよ。あなたにはあげないわ」と言う少女もいました。「あなたにはあげられないの。過去はどうでもいいの。それより、この皿のほうが大切なの」という発言もありました。
　また、心のうちに強い思いを秘めながらも、何も発言しない少女もいました。ある小さな金髪の女の子はほとんど何も言わなかったのですが、積極的な生徒が発言をしているときに、誰に告げるわけでもなく「お父さんがくれたの」と口を動かしました。私は、彼女の口の動きを読みとるまで、そのつながりに気がつきませんでした。父親が娘に磁器の男の材料を与えていたのです。

　さて、物語のエピローグをつくらなければなりません。子どもと教師たちは小グループに分かれ、この物語の真実を象徴する無言のシーンをつくりました。それからセッションの締めくくりとして、私はオープニングのシーンに戻ることにしました。子どもたちは輪になって座り、教師は相談役として後ろに立ち、それぞれ自分が相手をしている子の肩に手を置きました。そして、私が女の子の一人ひとりに妻として新居に皿を置いておくかどうかを尋ねたとき、教師はアドバイスや励ましの言葉をささやきかけました。教師たちのアドバイスを受けながらも、子どもたちは自分の正直な考えを述べました。それは、しばしば相談役の意見に反するものでした。

　デイヴィッドは、私たち大人に、ドラマ活動で目標とするものを教えてくれました。それは、子どもたち自身が主導権をとることによって生みだされる美しい瞬間にたどり着くということです。女の子たちと取り組んだこのドラマの最後の瞬間は、私にとってまさにそのような瞬間でした。私は、もっと難しいドラマにも取り組んでいきたいと思います。

女の子たちは、私がこの学校に来る前に、すでに人間関係を築きあげていました。教師と子どもたちは、抱きあったり、軽いキスをしあうなど、愛情のこもった挨拶を交わしており、私はドラマ活動のなかで常に自分が部外者になるだろうとわかっていました。だから、私はまず触媒役になろうと決めたのです。

　少女たちが出すアイディアからは、鋭い思考力や確固たる自信が感じられました。教師たちは、いつものキャンプのように、すぐに手を出したい衝動にかられたようですが、その気持ちを抑えて子どもたちを見守る勇気をもっていました。そして、子どもたちが想像の世界のなかで別の空間と時間に動いていくことを助けました。そのようにして女の子たちはドラマの流れに乗ることができ、その結果、力強い瞬間が生まれたのです。

　教師として私がすることは、選択をするということだけです。あとは、子どもの動き、そしてレッスンの空間や流れがドラマをリズムに乗せてくれます。どの教師も、自分の内面深くに温められている選択肢のなかから何かを選びます。そして、ほかの教師の選択するものを見て、それを自分のレパートリーに加えていきます。もちろん、同じドラマが二つとはないことを知ってのうえです。それが、ドラマ教育のユニークなところです。この『磁器の男』のレッスンでは、みんながドラマのなかに生きることを選びました。おそらく、あの日のことを忘れる人は誰もいないでしょう。

　ドラマをめぐって多くの問題がもちあがりますが、いまも私の心をよぎる懸念があります。演劇界にはたいへん熱心な観客がいて、コンピュータ制御の照明設備をもった豪華な劇場もあります。世界中の劇団やアーティストたちが才能を競いあい、50年以上にわたって演劇指導者たちが教える技術を磨いてきました。そのようななかで、私たち学校の教師は、部屋の隅っこに隠れている子どもの小さなささやきを、どうすれば忘れないで聞き取ることができるのでしょうか？　そして、一生舞台に立つことがない子どもたちとどのように活動をしていけばよいのでしょうか？　また、私たちを必要と感じていないかもしれないのに、子どもたちの才能をどうやったら伸ばしていくことができるのでしょうか？

　私の教員生活の思い出はノートのなかにつまっています。それは、私が年をとって人生をふりかえるときのためにとってあります。私は子どもたちの顔や教師たち

の声を、いまでもはっきりと覚えています。子ども向けの本が子どもの存在しているところでのみ意味をもつように、ドラマ教師はドラマと子どもがつながったときにのみ本当の意味で教えていると言えます。そういう瞬間、私たちは、子どもであれ、教師であれ、「もしも○○だったら」という空想の世界の住人になるのです。

　ブース先生へ
　私たちの学校に来て、あのドラマを教えてくれてありがとうございました。とても楽しかったです！　舞台で演技することだけがドラマだと思っていました。でも、先生はいろんなドラマがあることを教えてくれたのです。本当によかったです！
　　　　　　　　　　　　　　　　　　　　　　　　　心をこめて
　　　　　　　　　　　　　　　　　　　　　　　　　ジェニファー

付録1　ドラマにおける成長を評価する

　ドラマの展開の各場面において、どの程度の成長が見られるかを確認するには、このチェックリストが役に立つでしょう。ここでは大きく四つの側面を取りあげていますが、生徒たちはどのレッスンにおいてもドラマのいろいろな側面を探究していることでしょう。時を経ていくうちに、生徒たちはドラマ学習の四つの側面のすべてにおいて能力を高めるでしょう。

1　ドラマを通して考えや気持ちを探る側面

　生徒たちは、個人においても、集団でも、ドラマを通して意味を探究します。
- 生徒は言葉の面でも、非言語的な面でもよく参加していますか？
- 注意を集中し、エネルギーを注いでいますか？
- 役を演じているとき、また演じていないときに自分の意見を出していますか？
- 様々なドラマの手法を用いて、考えや気持ちを表していますか？
- 役を受け入れ、発達させ、広げていますか？
- ドラマに入り込んでいる様子が見られますか？
- 何ができそうかを考え、それを試していますか？

2　他者の考えや気持ちにこたえる側面

　生徒たちは、小グループやグループ全体のなかでほかの生徒たちとやり取りをします。ドラマという架空の文脈のなかでほかの生徒たちと交渉したり協力することによって、個人的な意味を見いだしたり、共同の意味をつくりだします。
- 生徒は適切に反応を返していますか？
- ほかの人の提供するものを受け入れ、支持していますか？
- 小グループやグループ全体のなかで、うまく活動できていますか？
- 教員の介入にあわせて活動できますか？　また、介入がなくても活動できますか？
- 挑戦してみたり、自分を相手に合わせたり、柔軟に振る舞えたりしていますか？

- 自分を、全体のなかの一部として見ることができていますか？
- 相互にかかわることで役を発展させていますか？
- 役の立場をはっきり自覚していますか？
- ドラマのなかで思い切って意見を出していますか？
- 役を演じている教師を受け入れていますか？
- 言葉を用いて、質問、弁護、説得、インタビュー、説明などができていますか？

3　考えや気持ちを他者に伝える側面

　生徒たちは、ドラマの形式を通してほかの人たちとコミュニケーションを図ります。ドラマのなかで役を演じている人とだけでなく、観衆としてドラマを見ている人ともコミュニケーションを図ります。
- 生徒は自分の声を適切に、効果的に使っていますか？
- 様々なドラマの様式を用いていますか？　たとえば、ジェスチャー、パントマイム、ムーブメント、即興、説明、語りなどです。
- 適切な調子や雰囲気を保っていますか？
- テキストをうまく声に出して読むことができていますか？
- 役を通じて書くことができ、ドラマを形づくっていますか？
- 仮面、小道具、楽器、衣装などを利用してドラマを豊かなものにしていますか？
- 観衆の前で演技することの躍動感を理解していますか？
- 考えや気持ちを選び、形にして表現していますか？
- 様々な発表の形式を用いていますか？

4　ドラマの体験をふりかえる側面

　生徒たちは、自分たちのつくったドラマの内容について考えますが、同様に自分たちがドラマの創作にあたってどんな貢献をしたのかも考えます。ふりかえりの作業は、ドラマの進行と同時に起こりますし、ドラマが終了したときにも起こります。
- 生徒はドラマの場面の意味を表明し、受け取り、明確にし、修正していますか？
- ドラマの内容が意味していることを理解していますか？
- 洞察として得たことを話し、みんなと分かちあっていますか？

- ドラマのなかに出てくる概念について問いを立てていますか？
- ドラマを個人的な経験に結びつけて考えていますか？
- ドラマづくりをすすめるために、個人的な経験を提供しましたか？
- ドラマによって生じた感情をふりかえりましたか？
- ゲストで来た人たちの演技をふりかえっていますか？
- 日記、絵、詩など、別の様式を通じてドラマを深めていますか？
- 自分が何を学んだのかを判断し、評価していますか？
- ドラマによって探究するというやり方を理解していますか？

付録2　ドラマプログラムを評価する

　ドラマ教師として私たちは、教室のなかでドラマをするために取られた方法をたえず評価しつづける必要があります。重要なのは、柔軟性と探究心を保ち、発見するときの驚きを失わないことです。私たちに求められているのは、様々な方法のなかからカリキュラムとクラスの必要とするものに見合う方法を選びだすことです。

1　ドラマレッスンを分析する。

　評価が効果的に働くときには、生徒たちを、いつどのように動かすべきか、いつどんな方法を用いるべきか、何がドラマの展開を豊かにするのか、といったことが明確になります。
- そのプログラムは、生徒たちの関心を引きつける内容になっていますか？
- そのプログラムは、生徒たちがいろいろと共同して行えるものになっていますか？
- その内容が充分に深く、生徒たちがいろいろと想像的な探究を行えるようになっていますか？
- そのプログラムは、生徒たちの過去の経験をもとにつくられていますか？
- 教室環境は、様々なやり方に対応できるようになっていますか？
- 生徒たちは、その環境のなかでどんな活動を展開できるのかということに気づい

ていますか？
- その環境を使用することは、生徒たちの目的にふさわしいですか？
- そのドラマは、生徒たちのドラマ体験をもとに展開していますか？
- 生徒たちは、様々なタイプのドラマに幅広く触れる機会をもっていますか？
- そのドラマ形式は、ドラマの目的をうまく実現できるものですか？
- そのドラマは、生徒たちの能力と関心に基づいたものですか？
- 選択したやり方は、ドラマの目的や生徒たちの状態に結びついたものですか？
- 生徒たちは、ドラマのいろいろな様式を使いこなせますか？

2　ドラマプログラムを評価する。

　ドラマプログラムの全体は、柔軟なカリキュラム構成に基づいて評価されるべきです。
- ドラマプログラムやドラマ活動は、生徒たちの能力や経験の範囲内で取り組めるものですか？
- そのプログラムは、いろいろな焦点、いろいろなグループ分けの仕方、様々な活動方法を含んだものになっていますか？
- そのプログラムは、生徒たちがより多くの選択肢を生みだせるようなものになっていますか？
- そのプログラムは、生徒たちが個人として理解したことや文化的な事柄として理解したことを熟考できるような内容になっていますか？

3　ドラマレッスンをふりかえる。

　次に挙げる問いについて考えてみてください。
- ドラマレッスンの内容は、生徒たちの関心にふさわしく重要なものでしたか？
- 生徒たちは、自分たちの活動をどの程度、自己評価できますか？
- 教師が演じた役は効果的でしたか？
- ドラマレッスンによって活発な議論やふりかえりが生まれましたか？
- ドラマは、生徒たちの関心をとらえつづけましたか？
- グループ全体がドラマを楽しみましたか？　また、それぞれの生徒が楽しんで

ましたか？
- ドラマは、アート作品の創作や作文を促しましたか？
- 教師と生徒との関係は適度にうち解けたものでしたか？　堅苦しく、緊張するようなものにはなりませんでしたか？　あまりに垣根がなくなって、収拾がつかなくなるようなものでしたか？
- 生徒たちは、どれくらい積極的に自分から活動にのぞんでいましたか？
- 音楽、小道具、衣装、マスク、特殊効果などは、ドラマをより豊かなものにする効果がありましたか？
- 生徒たちは、他者とのコミュニケーションを意識し、また観客を意識するようになりましたか？
- 今後のドラマレッスンでは、どんなことが行われますか？

4　今後のドラマ活動を計画する。

　生徒たちの能力の発達に応じた計画を立てるためには、教師はすでに終わった活動に関して以下のような問いに答えてみるとよいでしょう。
- 教師は、クラスのためにどんな活動を用意し、どのように実施しましたか？
- 教師は、どんな質問や発言をしましたか？
- 教師が意図していたことは、はっきりとクラス全体に伝わりましたか？　考えが混乱していませんでしたか？
- 教師はクラスのなかでどんな働きをしていましたか？　役を演じたり、質問をしたり、指示を出したり、観察をしたり、演出をしたりしましたか？
- レッスンは、どのように区切られていましたか？　生徒たちは、話したり、ふりかえったり、考えを試してみたり、探究したり、議論をしたり、交渉をしたり、挑戦したり、調べごとをしたりしましたか？
- 用いた方法は、意図していたことを実現する助けとなりましたか？
- 教師はレッスンの途中で方向づけを変えましたか？　もしそうなら、それは何故ですか？
- 方向づけを変えたことでどんな効果がありましたか？
- ドラマ活動のすすみ具合は、クラスがしっかりと場面をとらえるのに充分な時間

配分になっていましたか？
- クラスが自分たちから始めた活動はどんなものでしたか？
- 生徒のほうから何かサインが送られて、レッスンの方向を変えることになりましたか？
- クラスの取り組みはレッスン中によくなりましたか？　それとも悪くなりましたか？　こうした変化に対して何をすべきだったでしょうか？
- レッスン中、どんなことに悩まされましたか？　たとえば、時間配分、進行度、生徒による中断など。
- クラスのグループ分けに変更はありましたか？　それは何故ですか？　また、どんなものでしたか？
- レッスンのなかでどんな学びが起こりましたか？
- 今後のレッスンのためにどんな学びが得られましたか？
- ふりかえりの時間はどんなことに費やされましたか？
- 自己評価のための時間をとりましたか？

訳者あとがき——トロントのドラマ教育にふれて

　本書は、David Booth, *Story Drama: Reading, Writing and Roleplaying across the Curriculum,* Pembroke Publishers, 1994の全訳です。著者のデイヴィッド・ブース氏は、ドラマ教育の分野では世界的に知られる第一人者です。本書は、ブース氏の主著であり、またドラマ教育の格好の入門書でもあります。この本では、ブース氏がどのようにしてドラマ教育と出合い、幼稚園から大学院までの様々な教育機関でいかにドラマ教育に取り組んできたのかが、自らの経験を織り交ぜながらわかりやすく述べられています。

　ブース氏のいうドラマとは、学校の学芸会で上演される劇や、各種の演劇サークルで行われる芸術演劇を意味しているのではありません。ドラマ教育とは、舞台上演を目的とした演劇活動ではなく、学校の日常的な学習場面で誰もが参加できるようなドラマ活動を指しています。本書の舞台となっているカナダのトロントでは、そのようなドラマ教育がしっかりと学校教育のなかに根づいています。

　学校教育のなかでドラマを重要な学習様式として用いることは、20世紀の初頭にイギリスのコールドウェル・クックや、アメリカのウィニフリッド・ワードによって提唱されました。ドラマ教育は、その後いろいろな変遷をへて、1970年代に入ってからはイギリスのドロシー・ヒースコートやギャヴィン・ボルトンの研究によってさらに発展を遂げていきます。ヒースコートは、教師が実際に役を演じて子どもと一緒にドラマをすることを提案し、即興活動を重視しました。ボルトンと共に彼女は、子どもがいまここで感じていることを演じてみることの大切さを強調しました。ブース氏は実際にこの両名に師事して、彼らから大きな影響を受けています。

　本書では、そのタイトルにもあるように「ストーリードラマ」というものが取りあげられています。それは、物語とドラマ活動を結びつけた学びの様式です。物語はドラマ活動にとってすぐれた材料となるだけでなく、逆に物語の内容をより深く理解していくためにはドラマの手法がもっとも適しているのです。物語をドラマ化

することで子どもたちは想像の世界を探究することになり、そこで見いだした意味を演技や語りによって創造的に表現していくことになります。

　ストーリードラマで取りあげられる物語は様々ですが、その内容は何らかの点で子どもたちの生活現実にも結びついています。したがって、物語をドラマ化する体験は、それに参加する子どもたちの生活経験との関連によって深められ、それを通じて物語の意味理解がすすみます。それと同時に、ドラマという想像された世界のなかで子どもたちの生活経験も改めて吟味されます。それによって、子どもたちの自己や他者への気づきが高まり、現実社会に対する認識が高められ、そしてさらに生きる意味も探究されます。このように、ドラマ体験を通して想像の世界と子どもの現実世界が交錯しあい、相互に影響しあうのです。

　ストーリードラマとは、想像の世界のなかで意味を探究する活動です。ドラマのなかでは、題材となった物語の意味、仲間や家族や共同体の意味、現実社会の意味、個人の生きる意味、普遍的な真理の意味、これらの意味が重層的に絡みあいながら参加者の共同作業のなかで探究がすすめられます。

　そうした意味の探究が生まれるためには、教師はドラマの構造や枠組みをつくって子どもたちをドラマの世界に導き入れなくてはなりません。また、そのための様々な手法を用いなくてはなりません。本書では、実践例を通して、そうした取り組みが数多く紹介されています。こうした教師の側の組み立てに呼応して、子どもたちの側でも自主的・創造的にドラマの内容を発展させていくプロセスが生じるのです。

　ブース氏の場合には、自らがドラマのなかで役を演じることで、ドラマのなかに問題状況や緊迫した場面をつくりだして子どもたちの創造的な問題解決力や判断力を引きだし、物語の新たな展開を図っていきます。この意味で、ドラマ活動は子ども自身のエンパワメントを促します。さらにブース氏は、こうしたドラマ活動が、読み書きの力、語る力、聞く力、対話力など、リテラシー全般の力を著しく高める経験になることを強調しています。もちろん、ドラマはアートであり、その核心部分には人の感情をゆさぶり魂にまで届く美的でスピリチュアルな経験がありますが、ドラマ活動には同時に認知的・社会的な経験も含まれているのです。

　ドラマ教育は、一つのホリスティックで統合的な教育のあり方を示しているといえます。それは、様々な教科の内容を結びつける核となります。それと同時に、教

科の内容と現実世界の出来事を結びつけます。また、一人の人間のなかに身体と感情と思考が統合された経験をもたらします。つまり、ドラマに参加する人は、自らの身体を通じて役を演じ、そのなかで沸き起こってくる感情を味わい、問題や情況に対して思考をめぐらし、ある種の直観的洞察に至ります。そしてドラマは、人と人とを結びあわせるという点でも統合的な教育となります。ドラマの活動は常に他者とのダイナミックな関係のなかで起こり、互いの間のやり取りを通して参加者は共同の意味を創出していくのです（J. Clark, W. Dobson, T. Goode, & J. Neelands, *Lessons for the Living: Drama and the Integrated Curriculum.* Newmarket, Ontario: Mayfair Cornerstone Limited を参照）。

　さらに言えば、アートとしてのドラマは人間の本性にかなった営みでもあります。人間は、想像力によってイメージや象徴の世界をつくりだします。そして、身体活動を通して、その内容を創造的に表現します。ドラマ・アートは、人が想像の世界を深めるための道具であると同時に、その内容を表現するための媒介となるものです。アートとは、人が自己を創造し、そしてたえず自己をつくり変えていくことそのものであり、人間の生の根底にあるものです。人はその想像力を働かせて、世界の内にある自己をたえず新たにイメージのなかでとらえていきます。創造性とは、そうした新たな自己を表現することです。これら一連の運動、すなわち人間の自己生成のプロセスが根源的な意味でのアートだといえるでしょう。

　本書の著者であるブース氏は、トロント大学オンタリオ教育研究所（Ontario Institute for Studies in Education of the University of Toronto）で30年間以上にわたって教えてきて、現在は名誉教授になっています。オンタリオ教育研究所は、現職教師を主な対象とする大学院課程を中心にして、教員養成課程、資格認定コース、継続教育プログラム、付属校などをあわせもつカナダを代表する教育研究機関です。ブース氏はカリキュラム学科（Department of Curriculum, Teaching and Learning）に属し、アートの分野（ドラマやリテラシーなど）を専門にしてきました。この学科にはホリスティック・エステティック教育コースがあり、ブース氏はその主要なメンバーでした。ちなみに、このコースを創設したのは、ホリスティック教育の提唱者として知られるジョン・ミラー教授です。教育のなかに多様なつながりを生みだしてい

くことを求めるホリスティック教育では、ドラマがその主要な教育方法の一つとして挙げられていますが、それにはブース氏の貢献が大きくかかわっています。

　また、ブース氏は、オンタリオ州の教育省のためにアート教育やリテラシー教育のガイドラインをつくっています。この10年間ほどは、北米のみならずヨーロッパやオーストラリアなどの各地の大学でも教えています。いまでも文字どおり世界中を飛びまわりながら、ドラマ教育やリテラシー教育の講演や指導をつづけているのです。

　ブース氏は多数の著作を著していて、その数はすでに30冊を超えています。ドラマ教育に関してはアクティヴィティ集のような実用的なものも著していますが、詩や読書やライティングを扱ったリテラシー関連の著書も数多く出版しています。また、子どものための物語集も多数編集しています。

　訳者たちが本書の存在を知ったのは、次のような経緯からです。訳者の一人である浅野恵美子さんは、1999年の夏から2000年3月まで、すでにオンタリオ教育研究所の客員研究員として一足前に来ていた夫の浅野誠氏（中京大学元教授）と共に同研究所で研究活動を行いました。日本で心理劇を専門にしていた浅野さんは、このときカナダのドラマ教育に出合い、それを集中的に学ぶことになります。そして、オンタリオ教育研究所で受講できるドラマ教師養成コースに参加するようになり、その際、このコースの生みの親であるブース教授に出会ったのです。当時、オンタリオ教育研究所に留学していた私（中川）もこのコースに参加し、浅野さん共どもトロントのドラマ教育に魅せられていきました。

　コースにやって来るのは現職の教師たちですが、彼らは本当に生き生きと楽しそうにドラマを学んでいました。また、コースを教えている講師陣も経験豊かな人たちでした。浅野さんと私はドラマ教育の意義と可能性に目を開かされ、ぜひともそれを日本に紹介したいと思うようになりました。そして、もっともすぐれたテキストとして選んだのが本書なのです（浅野さん自身の報告は、浅野恵美子「カナダにおけるドラマ教育」『心理劇』第6巻、第1号、2001年にあります）。

　ところで、私たちが参加したドラマ教師養成コースは「ドラマ・アート2」というもので、9月から3月にかけての計125時間のコースでした。少し紹介しておく

と、このコースは三つの柱で構成されていました。すなわち、実際にドラマをつくる力を養う「創造的ワーク」、ドラマを評価し分析する力を養う「ドラマの要素に関する知識」、そしてドラマの理論を応用する力を養う「批判的思考」の三つです。このうち「創造的ワーク」の部分では、ロールプレイングをはじめとする各種の技法が習得され、「ドラマの要素に関する知識」では「ふりかえり」などの評価技法が学ばれます。コースの流れは、ドラマ・アートの本質、ドラマの開始の仕方、ロールプレイング、ドラマの形、ドラマの構造化、教師の役割、ドラマ学習の種類、授業案の作成といったテーマからなっています。

　毎週行われるクラスの初めに、受講者が持ち回りで、自分が考えたアイスブレイキングを行います。そして、その日のレッスンが始まりますが、多くの場合、グループに分かれて実際に授業で用いられるアクティヴィティを試しました。テキストをもとに話しあい、ドラマの場面をつくったこともあります。コースの終盤では、受講している教師たちは授業案をつくって、自分たちのクラスでそれを試してみなくはなりません。コースの期間中、受講者は日記をつけて活動や考えたことを記録するように求められます。またそれ以外にも、全体のふりかえりのレポートも求められます。

　浅野さんによれば、養成コースの主任であるラリー・シュワルツ氏のレッスンは次のようなものだったと言います。最初に、25人程度の受講生に「皮膚」というタイトルの詩が配られます。詩の内容は、私は身長も体重も、眼も口も手も足も他の人と同じようにもっているのに皮膚の色だけがちがう、というものです。まず、それぞれが声に出して詩を読みます。そして、一人につき一行が割り当てられ、順番にいろいろな読み方で読みついでいきます。次に三つのグループに分かれて、輪唱のように一行ずつずらして読んでいきます。

　その次がアクションの場面です。具体的には自分の担当する一行を読みながら、それを身体の動きで表現してタブロー（静止ポーズ）へと移行してい

ドラマ授業の風景

きます。タブローはどんどん増えていき、最後には全員でつくるタブローが完成します。次にいくつかのグループに分かれて、詩のテーマと関連するドラマを考えて練習します。各グループが用意できたところで、それぞれのグループがほかのグループからよく見える場所に位置をとり、ラリー氏が指名したグループから演技を始めます。そして、ラリー氏が「フリーズ」と言うと演技を止め、今度は別のグループが「ゴー」の指示で演技を始めます。それを何度か繰り返していくのですが、再度、自分たちのグループに「ゴー」の指示が来たら、フリーズしていた場面からつづきを演じていきます。

　また、私の印象に残っているレッスンは、ジィニー・ニシムラという日系人の夫をもっていた先生のクラスで行われたものです。それは、ブラジルの有名な演出家であるアウグスト・ボアールの手法を取り入れたというレッスンでした。まず、何か職場で実際に起こっている問題を何人かで演じてみます。そして再度、同じものを演じてみるのですが、今度は途中でニシムラ先生が「フリーズ」と言って場面の進行を止めます。そこで、ニシムラ先生はみんなに「ここで、どうすればいいですか？」と質問をします。これに対して、いろいろな意見が出ます。そして、その意見の内容を実際に演じてみるのです。

　養成コースの授業はこんな感じですすんでいきますが、受講者にとっては刺激的で貴重な学びの体験となっていたにちがいありません（ドラマ教師資格認定コースの概要は、オンタリオ教育研究所のホームページから閲覧できます）。

　トロントの学校では、ドラマ教育がとても盛んです。オンタリオ州のカリキュラムでは「芸術」の教科群のなかに「ドラマとダンス」という科目があり、学習指導要領も出ています。学校には、ドラマやダンスの教師がいます。ある学校を見学に行ったときですが、担当の先生は広いドラマ・ダンス専用の教室で、その時期の学校全体のテーマになっていた「責任」ということについて授業をしていました。子どもたちはグループに分かれ、ブレーンストーミングをしながら大きな用紙に責任ある行為とそうでないものを思いつくままに書き込んでいきました。そして、話しあって一つの項目を選び、今度はそれをパントマイムで表現する練習をして、最後には各グループがみんなの前で発表をしました。もちろん、ドラマ教育は単独の科

目としてのみ行われるのではなく、様々な教科の学習場面で用いられる点に特徴がありますが、単独の教科としても、こうした参加体験型の授業が行われていることには驚きました。

　オンタリオ州の学習指導要領のなかでは、「ドラマとダンス」が自己理解と他者理解を促すものであること、また多文化社会を反映して多様な人たちの生き方を理解し、交流を促すための科目であることが明示されています。そして、他者の立場になってみるロールプレイングの意義が強調されています。たしかに、本書で取りあげられている実践例を見ても、異質な文化や他者との出会いや多文化社会における問題状況に関連するような題材が多く選ばれていることがわかります。

　カナダにおける学校教育の一つの大きな課題は、子どもが異なる人々を理解し、互いに共存し、なおかつカナダという国の統合性を身につけられるような教育をすることです。ドラマ教育は、そのために大きく貢献するものです。ドラマ教育を通して養われるのは、読み書きの力、共感力、自己表現力、コミュニケーション力だけではありません。社会的認識や批判精神、問題解決力や行動力も養われます。それらが一体となって生き生きと養われていくのがドラマ教育の魅力なのです。

　トロント市の教育委員会では、教室で使える教材を精選した教師向けのガイドブック『宝物のチェスト——教室における物語、ドラマ、ダンス／ムーブメント』(Toronto District School Board, *The Treasure Chest: Story, Drama and Dance/Movement in the Classroom*. Second Edition, 1999) を出しています。このガイドブックには、市販されている11の物語が採用されていて、それぞれ「学習を通して期待されるもの」、「利用できる方法」、「教師へのヒント」が挙げられています。物語を通じて探究されるテーマは、コミュニティの葛藤、偏見、自然と人間の関係、ホームレス、いじめ、多文化の問題など、まさにカナダ社会が直面している問題ばかりです。

　用いられる方法としては、本書でもよく出てきた、タブロー、ロールプレイング、ストーリーテリング、リーダース・シアター、ティーチャー・イン・ロール、

ガイドブックに取りあげられている様々な物語

ライティング・イン・ロールなどが挙げられています。ある日、市の教育委員会にインタビューに出向いたとき、このガイドブックの編者で市のドラマ教育担当の主任であるキャスリン・グールド・ランディさんは、カナダのドラマ教育が英国の伝統に学んでいて、それを発展させたものであること、そしてドラマによって白人中心のものの見方を変えたいと考えていることなどを話してくれました。

　トロントの市内には大小多数のシアターがあり、いつでもどこかで何かの演劇活動が行われています。あるときは、自作の詩の朗読会がカフェで行われたりもします。トロント・ストーリーテリング・フェスティバルの期間中には、町中のいろいろな会場で各地からやって来た人たちが自分たちの語りを披露します。また、演劇専門の書店もあり、そこにはドラマ教育の関連図書がずらりと並んでいます。
　五大湖の一つオンタリオ湖の北側に位置するトロントは、カナダ最大の都市です。トロントという名前は、先住民の言葉で人々が出会うところという意味です。その意味にふさわしく、現在では世界中から様々な人たちが移り住んでいて、英国風の町並みを残しながらも、まるで地球の縮図のようになっています。多民族、多文化からなるモザイク都市のトロントでは、それこそちがう通りに行けばまったく異なる文化を体験することができます。アジア（中国、インド、ベトナム、韓国など）、中南米、東欧、ロシア、カリブ海諸国、中近東など、それぞれの場所がこれらの異なる文化によって彩られています。
　この町で目につくのは、至る所にアートがあふれていることです。音楽、美術、文学、演劇、舞踊などの様々なアートが日常生活のなかに違和感なくとけ込んでいます。気候のいい夏場にもなれば通りごとにフェスティバルが行われ、いろいろな音楽やパフォーマンスが町のなかに溢れだしています。6月ごろに行われる「フェスティバル・キャラバン」という催しでは、世界各地の都市のパビリオンがトロント市内のあちこちにつくられ、人々はパスポートをもってそれらを巡って楽しみます。各パビリオンでは、当地のアートや伝統料理を楽しむことができます。
　このように、トロントでは年中どこかで何らかのアートが体験でき、人々はそれを楽しみながら生活をしています。このような社会的背景が学校教育にも影響し、アートが幅広く学習活動や学校生活のなかに取り入れられているのです。トロント

のドラマ教育を理解するには、社会のなかに空気のように漂っているアートの存在を忘れてはいけません。学校見学に行くと、学校全体として、また教室独自でアートに力を入れているところをよく見かけます。それは、多くの教師たちが日常生活のなかでアートに親しんでいるからです。また、アーティストたちが学校に出向いてアート・プログラムを行っていたり、学校外の教育プログラムでアートが中心的な活動になっていたりする場合もあります。大学院で学んでいる教師たちも発表にアートの要素を取り入れていますし、「アートに基づく研究（Art-based research）」を用いる人たちが増えています。

　アートと教育との関連で一つだけ紹介しておきますが、オンタリオ教育研究所から歩いて数分のところにあるロイヤル音楽学院は、カナダ政府の支援も受けて、LTTA（Learning Through the Art）という活動を1994年から行っています。これは、アーティストと教師が共同して組織的に授業をつくっていくというものです。現在では、カナダで300校以上の学校が参加し、年間で10万人の生徒がその授業を受けていて、世界でもっとも大規模なアート教育のプロジェクトにまで成長しています。対象となる授業は全教科にわたり、音楽や美術だけでなくドラマやストーリーテリングも積極的に取り入れられています（小野京子『表現アートセラピー入門』誠信書房、2005年、に紹介箇所あり）。

　最近では、日本でもアート教育の重要性が指摘されるようになってきています（たとえば、佐藤学・今井康雄編『子どもたちの想像力を育む――アート教育の思想と実践』東京大学出版会、2003年を参照）。ドラマ教育はアート教育として大きな可能性を秘めています。すでにすばらしいレベルに達しているカナダのドラマ教育に学ぶことによって、日本のなかでもドラマ教育の芽が育っていくことを願ってやみません。

　翻訳の作業にあたっては、浅野恵美子さんと、同時期に留学していた橋本（旧姓、高橋）由佳さんが最初に全体を訳しました。しかし、帰国後の私が日本での仕事に追われているまま５年間が過ぎてしまい、翻訳が滞っていました。そこで、カナダ留学の経験がある五味幸子さんと、オンタリオ教育研究所の博士課程を修了した松田佳子さんが手を入れ、最後に私が全体を見直して訳を完成させました。なるべく

読みやすくなるように、多少言葉を補っているところもあります。
　ところで、本書の訳文がほぼ完成した2005年の末に、カナダで刊行された本書の第2版が出版元から送られてきました。著者とは別の編集者の手で改訂された第二版は、初版とはまったく異なる編集がなされていて、章や節の構成も大幅に入れ替わって実用的なスタイルになっていました。それを見て、私たち訳者は大いにとまどいました。そこで著者と連絡をとりあい、著者の意向を受けて初版を用いるという結論に至りました。実際、両者を読みくらべてみても、初版のほうが著者の考えをよく伝えていることがわかります。そこで、日本語版では、第二版にのみ出てくるいくつかの実例と付録の一部を新たに追加するにとどめました。
　最後になりますが、この翻訳書は「カナダ首相出版賞の審査員特別賞」を受賞しました。この出版賞は、カナダ人の著作やカナダのことを扱った書物にカナダ政府から与えられる賞ですが、幸運にも本書はそれに選ばれました。ブース氏やその仲間たちが行ってきたドラマ教育の活動は、まさしく世界に冠たるものであり、本書が名誉ある賞を受けることができてブース氏をはじめ訳者たちも光栄に思っています。また同時に、本書は、立命館大学文学部人文学会の2005年度出版助成を受けることもできました。
　「訳者あとがき」を締めくくるにあたり、本書の意義を高く評価し、出版を快諾して編集の労までとってくださった新評論社長、武市一幸氏に心より感謝いたします。

　　　2006年9月

　　　　　　　　　　　　　　　　　　　訳者を代表して　中川　吉晴

参考文献一覧

Alexander, Lloyd. The *King's Fountain*. New York: Dutton, 1989.

Armitage, R. *The Trouble with Mr. Harris*. London: Andre, Deutsch, 1979.

Barnes, Douglas. *From Communication to Curriculum*. Harmondsworth: Penguin, 1976.

Barton, Bob. *Tell Me Another*. Portsmouth, NH: Heinemann, 1986.

Bolton, Gavin. *New Perspectives on Classroom Drama*. Hemel Hempstead: Simon & Schuster, 1993.

Booth, David. *Classroom Voices*. Toronto/Tampa, Fl: Harcourt Brace, 1993.

Booth, David. *Dr. Knickerbocker and Other Rhymes*. Illustrated by Maryann Kovalski. Toronto: Kids Can Press, 1994.

Booth, David. *Drama Words: The Role of Drama in Language Growth*. Toronto: Language Study Centre, Toronto Board of Education, 1986.

Booth, David, and Bob Barton. *Stories in the Classroom*. Markham: Pembroke Publishers, 1990.

Braun, Willi. *The Expedition*.

Bruner, Jerome, et al. *Play: Its Development and Evolution*. Middlesex: Penguin, 1976.

Bulla, Clyde Robert. *Joseph the Dreamer*. New York: T.Y. Crowell, 1971.

Burningham, John. *Would You Rather...* London: Jonathan Cape, 1978. ジョン・バーニンガム『ねえ、どれがいい？』まつかわ まゆみ訳、評論社、1983年

Carrick, Donald. *Harald and the Giant Knight*. Clarion Books, 1982.

Chukovsky, K. *From Two to Five*. Berkeley: University of California Press, 1963. K・チュコフスキー『2歳から5歳まで』樹下 節訳、理論社、1996年

Cooper, Susan. *The Selkie Girl*. New York: Atheneum, 1986. スーザン・クーパー『海と鳥のマイリ』ふるたち ちえ訳、すえもりブックス、1996年

Courtney, Richard. *Drama and Intelligence*. Montreal: McGill-Queen's University Press, 1990.

Courtney, Richard. *The Dramatic Curriculum*. New York: Drama Book Specialists, 1980.

Courtney, Richard. *Play, Drama and Thought.* Revised edition. Toronto: Simon & Pierre, 1991.

Gerstein, Mordecai. *The Seal Mother.* New York: Dial, 1986.

Goble, Paul. *The Iron Horse.* New York: Macmillan, 1984.

Hardy, Barbara. "Towards a Poetics of Fiction." In M. Meek, et al., eds., *The Cool Web.* London: The Bodley Head, 1977.

Heathcote, Dorothy. "Of These Seeds Becoming." In R. Shuman, *Educational Drama for Today's Schools.* Metuchen, NJ: The Scarecrow Press, 1978.

Hoban, Russell. *The Dancing Tigers.* London: Jonathan Cape, 1982.

Hyman, Trina Schart. *Snow White.* New York: Little, Brown, 1974.

Inglis, Fred. "Reading and Children's Novels." In G. Fox, *Writers, Critics and Children.* London: Heinemann, 1976.

Kennedy, Richard. "Oliver Hyde's Dishcloth Concert." In *Richard Kennedy: Collected Stories.* New York: Harper & Row, 1987.

Kennedy, Richard. "The Porcelain Man." In *Richard Kennedy: Collected Stories.* New York: Harper & Row, 1987.

Krueger, Kermit. *The Golden Swans.* London: Collins, 1970.

Lundy, Charles, and David Booth. *Interpretation: Working with Scripts.* Toronto: Harcourt, Brace, 1985.

Martin Jr., Bill, and John Archambault. *The Ghost-Eye Tree.* New York: Henry Holt & Company, 1985.

McConnell, Doc. "The Snake-Bit Hoe Handle." From *The Sounds of Language: First Grade to Eighth Grade*, Bill Martin Jr. Texas: DHM Publishers, 1990.

Moffett, James, and Betty Jane Wagner. *A Student-Centered Language Arts Curriculum.* Portsmouth, NH: Heinemann, 1992.

Morgan, Norah, and Julianna Saxton. *Teaching, Questioning and Learning.* London: Routledge & Kegan Paul, 1991.

Neelands, Jonathan. *Structuring Drama Work.* Tony Goode, ed. Cambridge: Cambridge University Press, 1990.

Neelands, Jonothan, David Booth, Suzanne Ziegler. *Writing in Imagined Contexts: Research into Drama-Influenced Writing*. Toronto: Toronto Board of Education, 1993.

O'Brien, Robert. *Mrs. Frisby and the Rats of NIMH*. Atheneum, 1971. ロバート・C・オブライエン『フリスビーおばさんとニムの家ねずみ』越智道雄訳、冨山房、1974年

O'Neill, Cecily, and Allan Lambert. *Drama Structures*. London: Hutchinson, 1982.

Paley, Vivian Gussin. *The Boy Who Would Be a Helicopter*. Cambridge, MA: Harvard University Press, 1990.

Paulsen, Gary. *The Monument*. New York: Delacorte Press, 1991.

Ross, Ramon. *Storyteller*. Charles E. Merrill, 1980.

Rosen, Harold. *Stories and their Meanings*. London: National Association for the Teaching of English.

Wallace, Ian. *Boy of the Deeps*. Toronto: Groundwood, 2005.

Wells, Gordon. *The Meaning Makers*. Portsmouth, NH: Heinemann, 1986.

White, Jacqueline. *Coyote Winter*. Lester Publishing, 1991.

Wolkstein, Diane. *The Red Lion*. New York: Schocken, 1980.

Woolland, Brian. *The Teaching of Drama in the Primary School*. London: Longman, 1993.

Yee, Paul. "Rider Chan." In *Tales From Gold Mountain*. Toronto: Groundwood, 1989.

Yee, Paul. "Spirits of the Railway." In *Tales From Gold Mountain*. Toronto: Groundwood, 1989.

Yep, Laurence. *The Rainbow People*. New York: Harper & Row, 1989.

Yolen, Jane. *Children of the Wolf*. New York: The Viking Press, 1984. ジェイン・ヨーレン『ジャングルとの別れ――狼に育てられた少女』眞方陽子訳、すぐ書房、1993年

Yolen, Jane. *Greyling*. Philomel Books, 1991. ジェーン・ヨーレン『グレイリング――伝説のセルチーの物語』川崎洋訳、セーラー出版、1993年

Young, Ed. *Lon Po Po: A Red-Riding Hood Story from China*. Philomel Books, 1989.

Zavrel, S. *Vodnik*. London: Abelard-Schuman, 1970.

人名解説・索引

【ア】

アイズナー，エリオット（Elliott Eisner）
スタンフォード大学教授。アート教育、カリキュラム研究、教育評価の研究で知られる。アートを教育実践の研究と改革に活用することを提唱している。……34

アーミテージ，ロンダ＆デイヴィッド（Ronda & David Armitage）
二人ともニュージランド生まれ。1974年にイギリスに移住。夫婦で数多くの絵本を出版している。……129

アレクサンダー，ロイド（Lloyd Alexander）
子ども向けのファンタジー作品で知られる著名な作家。神話や民話を用い、数多くの賞を受けている。……76

アンデルセン，ハンス・クリスチャン（Hans Christian Andersen）
デンマークの詩人、童話作家。童話の父と呼ばれる。作品『人魚姫』『醜いあひるの子』など。……29

イー，ポール（Paul Yee）
バンクーバー生まれの中国系カナダ人3世の作家。二つの文化の間で育ち、チャイナタウンから逃げだすことを夢見て幼年時代を過ごす。現在、トロント在住。著書 *Roses Sing on New Snow*、*Ghost Train* など。……44, 45, 48

イェップ，ローレンス（Lawrence Yep）
中国系アメリカ人の作家。異文化間の葛藤をテーマにしたフィクション、ファンタジー、SFを著す。著書『竜の王女シマー』『虎の弟子』など。……44

イングリス，フレッド（Fred Inglis）
イギリス、シェフィールド大学名誉教授。専門はカルチュラル・スタディーズ。著書 *His People's Witness*。……59

ウェイ，ブライアン（Brian Way）
ドラマ教育の世界的権威。1960年代にイギリスで教師たちと即興の手法を開発する。のちに、北米の教師たちに大きな影響を与える。「舞台で行うドラマ」から「教室で行うドラマ」へと、ドラマの概念を変革した。特別支援教育へのドラマ導入も行った。……3

ウォーレス，イアン（Ian Wallace）
カナダ、ナイアガラに生まれる。トロントのオンタリオ・アート・カレッジで学ぶ。カナダでもっとも著名な作家、イラストレーターの一人。……124

ウォルクスタイン，ダイアン（Diane Wolkstein）
卓越したストーリーテラー。数多くの民話集を著す。ニューヨーク大学で神話を教えている。著書『魔法のオレンジの木―ハイチの民話』……149

エルスホフ，イゴール・イワノヴィッチ（Igor Ivanovich Ershov）
ロシアの童話作家。物語の収集でも知られる。……29

オニール，セシリー（Cecily O'Neill）
イギリスのドラマ教育コンサルタント。のちに、オハイオ州立大学のドラマ教育の教授となる。ドラマと演劇に関する重要な本を数冊著している。……4

オブライエン，ロバート（Robert C. O'Brien）
本名はロバート・レズリー・コンリー。「ナショナル・ジオグラフィック」の記者。子ども向けの本の作家として知られる。著書『フリスビーおばさんとニムの家ねずみ』『死のかげの谷間』など。……179

【カ】

カリック，ドナルド（Donald Carrick）
アメリカ人の画家、イラストレーター。スペインやウィーンなどでも学ぶ。……154

キーツ，エズラ・ジャック（Ezra Jack Keats）
ポーランド系ユダヤ人の移民の家庭に生まれる。多文化主義が台頭するはるか以前に、黒人の子どもを主人公にした絵本をつくった作家。著書は『ピーターのいす』『ピーターのくちぶえ』など。……76

クック，コールドウェル（Caldwell Cook）
ドラマ教育を確立したイギリス人。第一次世界大戦の前、ケンブリッジのパース・スクールで教え、1917年にはドラマ教育の古典『演じるという方法』（邦訳なし）を著して、ドラマによる学習を提唱する。……60, 220

グーデ，トニー（Tony Goode）
イギリスのドラマ教育コンサルタント。デイヴィッド・ブースとともに、トロントやニューヨークでドラマ教育の夏期コースを指導する。……4, 154, 155

グリム兄弟（Jacob Ludwig Karl Grimm & Wilhelm Karl Grimm）
ドイツの文献学者、言語学者。『白雪姫』『赤ずきん』などの民間伝説を収集する。……29

クルーガー，カーミット（Kermit Krueger）
子ども向けの本の作家。彼の作品は、エド・ヤングが絵を描いている。……128

ケネディ，リチャード（Richard Kennedy）
子ども向けの作品で知られるアメリカ人作家。民話を題材として用いるが、現代的な作品に仕上げている。……66, 207, 208

ケンプ，デイヴィッド（David Kemp）
オンタリオ州にあるクィーンズ大学教授。1960年から1970年代にかけて、カナダにおけるドラマ教育の先駆者である。……3

コートニィ，リチャード（Richard Courtney）
カナダにおけるアート教育の代表的な研究者。イギリスで教育を受け、トロント大学教授となる。教育活動にアートを取り入れることを提案し、大学院のプログラムを創設した。……3, 31

ゴーブル，ポール（Paul Goble）
アメリカ先住民の伝説に基づいた作品を著す作家。著書『野うまになったむすめ』『バッファローのむすめ』『愛の笛』など。……164

【サ】

サックストン，ジュリアンナ（Julianna Saxton）
トロント大学とブリティッシュ・コロンビア州ヴィクトリア大学の教授であった。彼女はすぐれたドラマ教育の指導書の著者であり、プロの俳優としてテレビや舞台でも活躍している。……4

スプリングスティーン，ブルース（Bruce Springsteen）
アメリカを代表するロック歌手の一人。「ボーン・イン・ザ・USA」はアメリカン・ロックの名曲として知られる。……110

【タ】

チェコフスキー，コルネイ（Korneii Chukofsky）
ソビエトの児童文学者、児童文学研究者。著書『2歳から5歳まで』『わにがまちにやってきた』『ひよこ』『月からきた小人ビビゴン』など。……29

デイヴィス，デイヴィッド（David Davis）
イギリス、バーミンガム大学教授。若者のためのドラマグループづくりを精力的に行った。デイヴィッド・ブースによってトロント大学へ招聘され、夏期コースを同大学でも教える。……4, 30

トールキン，J. R. R.（J. R. R. Tolkien）
本名ジョン・ロナルド・ロウエル。1892年南アフリカ生まれのイギリス人。中世英語学、英文学研究の大家。オックスフォード大学教授。『ホビットの冒険』『指輪物語』で世界的に知られるファンタジー作家。……60

【ナ】

ニーランズ，ジョノサン（Jonathan Neelands）
学校へドラマ議会を導入した先駆者。ドラマの実践と理論に関する著作も多く、国際的な講演活動もしている。……4, 147

【ハ】

ハイネ，ガノー（Gano Haine）
ボルトン教授の下で学んだアメリカのドラマ教師。デイヴィッド・ブースとともに、教室でドラマを使うためのシステムを開発した。……111

バウム，ウイリィ（Willi Baum）
ドイツ人の作家、アーティスト。文字のない絵本をつくり、世界的に知られている。……96

バーク，ケネス（Kenneth Burke）
1897年生まれのアメリカの評論家。音楽評論から出発し、社会主義思想をへて人間の活動全般に関心をもつ。ニュー・クリティシズムの動向と交差しながら、独自のバーク学ともいうべき多様な成果を発表する。主著『動機の文法』。……44

バックルズ，アグネス（Agnes Buckles）
カナダ、アルバータ州エドモントンの高校のドラマ教師。ブライアン・ウェイに影響を受けた。カナダで最初の教師向けドラマ教育の本をデイヴィッド・ブースとともに著す。……3

ハーディ，バーバラ（Barbara Hardy）
イギリスの児童文学の教授。重要な理論家であり、著作家でもある。……40

バートン，ボブ（Bob Barton）
カナダの有名なストーリーテラー。ドラマ教育のコンサルタントとして、デイヴィッド・ブースとともに仕事をする。2人には、ドラマ、文学、物語に関する共著がある……147, 149, 208

バーニンガム，ジョン（John Burningham）
1936年、イギリスのサリー州生まれの作家。1963年、最初の子ども向けの本『ボルカーはねなしガチョウのぼうけん』を出版する。夫人は著名な絵本作家ヘレン・オクセンバリー。……20, 29

バーンズ，ダグラス（Douglas Barnes）
教室で「話すこと」の教育的意義を提唱したイギリスの研究者。……139

ヒースコート，ドロシー（Dorothy Heathcote）
国際的に知られる、イギリスのドラマ教育の大家。ドラマ活動のなかで教師も役を演じるという方法を生みだす。デイヴィッド・ブースは修士課程のとき、彼女の下で学び、以後30年以上にわたって彼女と仕事をともにする。
……3, 9, 54, 117, 122, 140, 220

フェアヘッド，ウエイン（Wayne Fairhead）
トロントのドラマ教育コンサルタント。高校での演劇フェスティバルを指導する。……4

フェリーニ，フェデリコ（Federico Fellini）
イタリアの映画監督。「魔術師」の異名がある。代表作に『8 1/2』『道』『甘い生活』など。4度のアカデミー賞外国語映画賞、アカデミー賞名誉賞、カンヌ国際映画祭パルム・ドールを受賞。
……196

ブラ，クライド・ロバート（Clyde Robert Bulla）
アメリカの作家。絵本から小説まで子ども向けの本を50冊以上著している。……41

ブルーナ，ジェローム（Jerome Bruner）
アメリカの著名な心理学者、教育学者。認知発達、言語発達、思考、発見学習、教授論などの分野で多くのすぐれた研究成果をあげている。最近では「フォークサイコロジー」（民俗心理学）の観点から「意味」の復権をとなえ、物語論にも着目している。……114

ホバン，ラッセル（Russell Hoban）
1925年アメリカ生まれのファンタジー、SF、児童文学作家。イギリス在住。著書『フランシスとたんじょうび』『エミットとかあさんの歌』など。
……176

ポールセン，ゲイリー（Gary Paulsen）
子ども向けの作品で知られる作家。絵本の絵は妻のルース・ライトが描いている。ニューメキシコ、アラスカ、太平洋に住む。著書『少年は戦場へ旅立った』『ひとりぼっちの不時着』『いつもそばに犬がいた』など。……54, 55

人名索引

ボルトン，ギャヴィン（Gavin Bolton）
イギリスのダーハム大学でドラマ教育を教えている。学校におけるドラマの実践と理論に関してすぐれた著作を残している。デイヴィッド・ブースのスーパーバイザーであった。
……3, 5, 57, 63, 111, 142, 220

ホワイト，ジャクリーン（Jacqueline White）
カナダの絵本作家。カナダ西部のフッター・コロニーを舞台とした『コヨーテの冬』（邦訳なし）を著す。……189

ホーン，ポール（Paul Horne）
ミュージシャン。ドラマ活動に使いやすいインストルメンタル音楽を創作している。……97

【マ】

マッコード，デイヴィッド（David McCord）
詩人。子ども向けの詩で有名。40冊以上の著書がある。著書 *Far and Few*、*All Day Long*、*One at a Time* など。……7

マッコーネル，ドック（Doc McConnell）
アートとしてのストーリーテリングの発展に貢献したことで知られる。彼のほら話は、子どもにも老人にも親しまれている。……68

マーティン，ビル（Bill Martin）
60年以上も子ども向けの本を著しているアメリカの作家。教師経験があり、シカゴでは校長職も務める。ニューヨークに移ってからは、子ども向け読本による読書プログラムをリードし、その後子ども向けの本を著すようになる。著書『くまさん くまさん なにみてるの？』『パンダくん パンダくん なにみているの？』など多数。……144

マネッタ，ドリス（Doris Manetta）
イギリスでボルトン教授に師事したトロントのドラマ教師。トロント大学の夏期コースの講師。……4

マンソン，ビル（Bill Manson）
オンタリオ州ハミルトンの高校のドラマ教師であり、その地区のドラマ教育のスーパーバイザーを務めた。高校生が出演する演劇を指揮し、多くの受賞作品がある。州の教育省に委託されてカリキュラム・ガイドを作成している。……58

ムーア，ビル（Bill Moore）
デイヴィッド・ブースが教鞭をとっていたハミルトンのドラマ教育指導主事。イギリスで演劇と発声の専門的トレーニングを受けた。ドラマ教師として、デイヴィッド・ブースを10年間指導した。
……1, 9

メッシング，エレン（Ellen Messing）
ボルトン教授とヒースコート教授に師事したトロントのドラマ教師。トロント大学の夏期コースの講師。……4

モフェット，ジェームズ（James Moffett）
生徒中心の言語学習を提唱したことで知られる、アメリカの著名な言語教育の研究者。すぐれた教育評論家でもある。ハーバード大学、カリフォルニア大学などで教えた。……179

【ヤ】

ヨーレン，ジェイン（Jane Yolen）
アメリカの児童文学作家、ファンタジー作家、詩人、ノンフィクション作家。著書『月夜のみみずく』『夢織り女』『ふしぎなつえ』など。
……134, 137, 203

【ラ】

ランディ，チャック（Chuck Lundy）
トロント大学教授。ドラマ教育を専門とする。デイヴィッド・ブースの同僚として同大学で25年間教鞭をとった。両者の間には数冊の共著がある。……4

レイノルズ，ハワード（Howard Reynolds）
オンタリオ州の有名なドラマ教育コンサルタント。デイヴィッド・ブースとともに夏期コースでドラマを教える。……4

ロス，レーモン（Ramon Ross）
アメリカ人の作家。著名なストーリーテラー。
……40

ローゼン，ハロルド（Harold Rosen）
　イギリス人で、子どもの言語習得の研究に関する権威であるとともにドラマ教育の研究者でもある。
　……58, 144

【ワ】

ワード，ウィニフリッド（Winnifrid Ward）
　1920年代にアメリカでドラマ教育を始める。以降、50年間にわたって物語とそのドラマ化を専門に教えた。デイヴィッド・ブースのストーリードラマ理論は、ワードの仕事に負うところが大きい。
　……61, 220

訳者紹介

中川吉晴(なかがわ・よしはる)
立命館大学教授(大学院応用人間科学研究科、文学部教育人間学専攻)。南山大学人文学部非常勤講師。トロント大学オンタリオ教育研究所博士課程修了(Ph.D.)。専門はホリスティック教育。著書 *Education for Awakening: An Eastern Approach to Holistic Education*(Foundation for Educational Renewal)、『ホリスティック臨床教育学』(せせらぎ出版)。共著 *Nurturing Our Wholeness*(Foundation for Educational Renewal)、*Nurturing Child and Adolescent Spirituality*(Rowman & Littlefield)、『ホリスティック教育ガイドブック』『ホリスティック教育入門』(共に、せせらぎ出版)、『教育人間学の挑戦』『行の人間学』(共に、高菅出版)他。翻訳、アリス・ミラー『「子ども」の絵』(現代企画室)ほか多数。

浅野恵美子(あさの・えみこ)
沖縄県宮古島市生まれ。お茶の水女子大学大学院家政学研究科修了(児童臨床学専攻)。沖縄キリスト教短期大学、愛知みずほ大学短期大部教授を経て、現在はフリーの研究者(非常勤で沖縄キリスト教大学・短期大学カウンセラー、沖縄県スクールカウンセラー、九州地方更生保護委員会委員などに従事)。著書『人間探求の心理劇』(三恵社)、共著『小学生の問題行動』(日本標準)、『かかわりを育てる保育学』(樹村房)など。

橋本由佳(はしもと・ゆか)
㈶世界自然保護基金日本委員会(WWF Japan)、国連教育科学文化機関(ユネスコ)の勤務を通じて日本およびアジア地域での環境教育の推進に携わる。現在トロント大学オンタリオ教育研究所博士課程に在籍しながら、カリフォルニア大学バークレー校で非常勤講師を務める。行動、対話、他者および自己の内面とのつながりを重視しながら、社会のあり方を考えていく環境教育を模索している。

五味幸子(ごみ・さちこ)
立命館大学大学院応用人間科学研究科修士課程修了(人間科学修士)。現在、京都光華女子大学人間関係学部社会福祉学科実習助手。専門はソーシャルワーク論。翻訳(共訳)、リー『地域が変わる社会が変わる 実践コミュニティワーク』、リー他『実践コミュニティワーク エクササイズ集』(共に、学文社)、プレイサー『いまここにいるわたしへ』(日本教文社)。

松田佳子(まつだ・よしこ)
大阪府中学校教諭をへて、トロント大学オンタリオ教育研究博士課程修了(Ph.D.)。現在、神戸親和女子大学・立命館大学非常勤講師のかたわら大阪経済大学大学院人間科学研究科臨床人間心理専攻修士課程在籍中。イマジネーション、からだ、表現としてのアートを研究テーマとする。論文「イメージの領域で開かれてゆく『意識としての身体』―絵を描いているときの内的体験の現象学的研究を通して」。

著者紹介

デイヴィッド・ブース（David Booth）

カナダ、トロント大学オンタリオ教育研究所、名誉教授。アート教育、とくにドラマやリテラシー（読書、作文、詩作）を専門にする。長年にわたって学校におけるドラマ教育とリテラシー教育の実践と研究に従事し、物語とドラマを結びつけたストーリードラマを提唱する。ドラマ教育のコンサルタントとして現在も国際的に活躍している第一人者。著書は30冊以上、本書は代表作。最近の著書（共著）に『役を演じて書く』『詩が学校へ行く』『アートが学校へ行く』『リテラシーの技法』（いずれも邦訳なし）などがある。

ストーリードラマ
── 教室で使えるドラマ教育実践ガイド ──　　　（検印廃止）

2006年11月10日　初版第1刷発行

訳者	中川　吉晴	
	浅野　恵美子	
	橋本　由佳	
	五味　幸子	
	松田　佳子	
発行者	武市　一幸	

発行所　株式会社 新評論

〒169-0051　東京都新宿区西早稲田3-16-28
http://www.shinhyoron.co.jp

TEL 03（3202）7391
FAX 03（3202）5832
振替 00160-1-113487

落丁・乱丁はお取り替えします。
定価はカバーに表示してあります。

印刷　フォレスト
製本　桂川製本
装丁　山田英春

©中川吉晴他　2006

Printed in Japan
ISBN4-7948-0714-7　C0037

■ 新評論 好評既刊 ■

レスリー・クリステン／吉田新一郎 訳

ドラマ・スキル
生きる力を引き出す

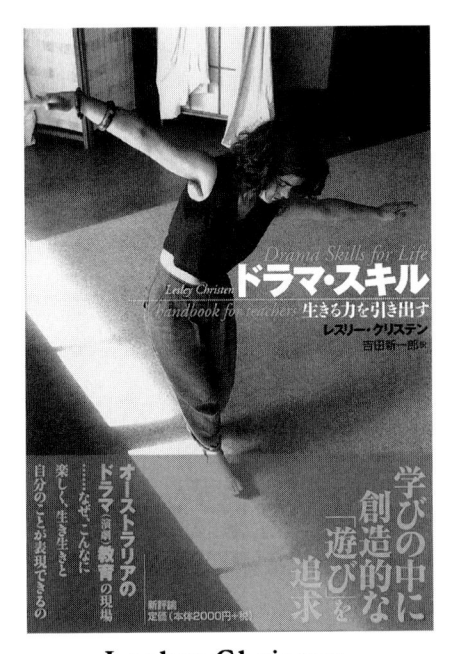

Lesley Christen
DRAMA SKILLS for LIFE
A handbook for teachers

オーストラリアのドラマ（演劇）教育の現場発，
〈からだを使って自分を表現する〉創造的な学びの実践！
『影との戦い（ゲド戦記1）』、『蠅の王』、『真夏の夜の夢』など
名作を素材にしたドラマの授業ノウハウも詳細に解説。
（A5 192頁 税込定価2100円）